AF283113

PERFECTA
Manuela Alonso

LA NOCHE EN LLAMAS
Borja de Diego

LA TRIGONOMETRÍA DEL CRIMEN
José Luis Ordóñez

FILIPO
Carlota Berzal

COLECCIÓN TEXTOS DRAMÁTICOS Nº 32

COORDINACIÓN DE LA EDICIÓN:
Agencia Andaluza de Instituciones Culturales.
Instituto Andaluz de las Artes Escénicas y de la Música.
Centro de Investigación y Recursos de las Artes Escénicas de Andalucía.
EDITA: Consejería de Cultura y Deporte. Junta de Andalucía.
©DE LA EDICIÓN: Consejería de Cultura y Deporte. Junta de Andalucía.
©DE LOS TEXTOS: sus autores.
©DEL PRÓLOGO: Ruth Rubio.
DISEÑO, MAQUETACIÓN E IMPRESIÓN: Grupo Diacash.
DEPÓSITO LEGAL: SE 54-2025
ISBN: 978-84-9959-514-6

PRÓLOGO

Me pregunto quién sería yo ahora si no me hubiera enamorado de mi profesora de literatura. Descubrir las letras al mismo tiempo que el deseo es algo que a una le transforma definitivamente. Al principio, leía libros "adultos" solo para tener algo de qué hablar con ella después de clase. Pero pronto, lo que comenzó como un gesto que me daba paso al mundo de los adultos, se convirtió en un deseo autónomo, una necesidad que ya no dependía de la presencia del amor platónico.

Recuerdo preguntarle a mi profesora, impostando la adultez que me faltaba, qué era la literatura. Una pregunta que siempre me quedaría grande, una pregunta que premedité y ensayé en casa para ganarle cinco minutos de charla a la vida: ¿qué es la literatura? Su respuesta, nunca sabré si improvisada, se me grababa a *jierro* por ese doble descubrimiento -letras y deseo - que me marcaba: *"La literatura es una habitación enorme en la que dialogan unas obras con otras"*. Aquella frase, - ahora que lo pienso, tan oracular, tan de invitación a la aventura - me acompaña hasta hoy, recordándome una verdad esencial de la literatura dramática: que una nunca escribe sola.

Este tomo número 32 de la colección *Textos Dramáticos* es una gran habitación donde las voces de Carlota Berzal, Borja de Diego, Manuela Alonso y José Luis Ordóñez dialogan entre sí. Pero también es un espacio mutante en el que estas obras teatrales conversan con otras autoras, pasadas y futuras, alimentando un tejido literario que trasciende el tiempo y los cuerpos. Cuatro voces para entrar a vivir en esta habitación donde acontece la conversación infinita que es la literatura dramática.

Estas cuatro autoras aún no se han leído entre sí, pero las compañeras del CIRAE ya han puesto a dialogar a sus criaturas con el fin de mostrar la riqueza de matices y los distintos enfoques de la dramaturgia actual y joven de autoras andaluzas. Estas piezas teatrales, diversas en tono y estilo, tienen una víscera común: la resistencia frente a las narrativas que nos han sido impuestas. Ya sea a través del humor ácido, la introspección íntima o la crítica social, sus autoras nos invitan a pertenecer al hecho teatral no solo como espectadoras y lectoras, sino como participantes activas de una sociedad que tiene que tomar partido, una sociedad que parece atrapada entre la violencia sistémica y la necesidad de cambio.

En *Filipo*, de Carlota Berzal, el humor negro, que atraviesa cada escena se mezcla con un uso lúdico de la estructura teatral: la ruptura de la cuarta pared y los guiños meta-teatrales convierten a *Filipo* en una obra que no solo se interpreta, sino que se habita. *Filipo* y su madre, Marga, encarnan una relación cargada de expectativas rotas, de una dependencia que se convierte en espejo de la relación entre el individuo y el estado. La obra no rehúye los tabúes; al contrario, los coloca en el centro, obligando a los espectadores a enfrentarse a su propia vulnerabilidad. Una obra que, además, está atravesada por el tiempo en tanto que fue escrita en ciudades y tiempos distintos. En ella, la autora, con irreverencia y tronío, desenmascara las hipocresías del lenguaje escénico y de las relaciones humanas, creando una pieza que resuena como una reivindicación poética del fracaso en una sociedad obsesionada con el éxito.

En *La noche en llamas*, Borja de Diego nos lleva de regreso a una juventud que contiene el peso de todas las pequeñas eternidades. En un mundo que, antes de la crisis de 2008, parecía menos roto, la obra nos recuerda que los espacios que habitamos, tanto físicos como emocionales, no siempre están diseñados para quienes los *okupamos*. Siendo este el primer texto que el autor escribe para sí mismo, este autorretrato íntimo nos narra cómo tres amigos en su primer año de carrera abordan la idea de un futuro incierto pero luminoso. Una obra que vibra en el presente puro de sus personajes y que nos interpela en nuestra *adultez*: ¿Qué significa crecer en un mundo que ya no nos pertenece? ¿Cómo sobrevivir a la mitificación, a la ingenuidad, ese estado tan bello como fugaz, sin rendirse al cinismo? Borja de Diego captura ese instante en que la ingenuidad se convierte en resistencia y la cotidianeidad más radical se revela como un acto político en sí mismo.

En *La trigonometría del crimen*, José Luis Ordóñez nos devuelve al terreno del juego teatral, con una obra que combina la intriga detectivesca con una crítica feroz a las estructuras de poder. El asesinato del Duque de Wildshire no es más que un pretexto para hablar de los verdaderos crímenes: los perpetrados por un sistema que desmantela la educación, la sanidad y el cuidado de los mayores. Con personajes llenos de ironía, como el escritor precario Edward Poor, Ordóñez construye una obra que se mueve entre la sátira y el compromiso político. Los diálogos, cargados de humor e inteligencia, sacuden al lector y espectador, haciéndole tomar partido y exigiendo una respuesta activa ante la violencia sistémica que invisibiliza sus propias víctimas.

Finalmente, *PerFecta* de Manuela Alonso se adentra en los conflictos de la relación con el cuerpo, la identidad de género y la autoaceptación. Este monólogo desde las tripas y la poesía confronta directamente los estereotipos que condicionan nuestra existencia, mostrando cómo las narrativas sociales pueden convertirse en cárceles emocionales. Manuela Alonso utiliza un lenguaje crudo y empático para hablar de trastornos alimenticios, el descubrimiento de una sexualidad no hegemónica y los retos de vivir en una sociedad que exige perfección, canon y producción a toda costa. Su protagonista, que se debate entre la autoafirmación y las expectativas proyectadas en ella, se convierte en una voz coral para todas aquellas que hemos sentido que nunca somos suficientes. *PerFecta* no busca una respuesta al conflicto, sino visibilizarlo, abrazarnos las unas a las otras como un acto de resistencia.

A diferencia de otros géneros, escribir literatura dramática es la promesa de compañía porque, el fin último de la escritura teatral, es que se haga carne en un escenario. A eso remite cada una de las piezas que conforman este volumen, una narrativa que invoca los cuerpos y espacios que deseamos habitar. Estas cuatro autoras no solo nos invitan a escuchar cómo dialogan sus voces, sino también a reconocernos en ellas. Porque en ese diálogo *transtemporal* que es la literatura dramática, siempre encontramos un eco, una complicidad, una otredad potencial, una posibilidad de transformación. Aquí, la promesa se cumple: una nunca escribe sola. Carlota, Borja, José Luis y Manuela, nos seguimos leyendo, nos seguimos sabiendo en esta gran habitación.

Ruth Rubio

PERFECTA

Manuela Alonso

«No soy la mejor en nada, pero sí soy una gran artista»
Lola Flores.

Esto no es una acotación al uso, lo sé. No esperes por mi parte que marque movimientos, escenografía o vestuario. Si este texto, y todo lo que en él se esconde ha llegado a tus manos, quiero creer que es parte de este realismo mágico que nos envuelve. Asi que, ya sea para leer, interpretar o dirigir este texto, simplemente déjate llevar. El resto, es cosa de la mágia del teatro.

Fnac

Monólogo para una actriz, o no.

MANUELA

Presentía que era el final, nunca imaginé que fuera el principio. Era el punto crucial del recorrido. Sin duda. Sólo una de nosotras podía atravesarlas. Sólo la mejor podía llegar y esa era yo. Desde entonces supe que sería lo que soy, mujer. Media hora después, empezarían las divisiones habituales: dos, cuatro, ocho... En fin... Perdí la cuenta. ¡Nacía! 19 de diciembre de 1990. Mientras para mis padres el reloj se paraba, el mundo seguía a su frenético ritmo.

En Europa, Karpov se ponía en ventaja contra el campeón, Kasparov; Gorbachov amenazaba con el estado de sitio, mientras Yelsin encendía la mecha de las repúblicas desde la Federación rusa; Letonia se estremecía entre atentados; Belgrado advertía a Eslovenia ante el referéndum. Aquí, el ayudante minero Adolfo González Roces, fallecía en el pozo Sotón de Asturias aplastado por una máquina; en Barcelona, una explosión de gas mataba a una persona hiriendo a 20 más; Canarias entraba en la CE; más de medio millar de alumnos de bachillerato de Orense secundaban la manifestación de apoyo a la campaña por el uso del preservativo; Butrageño batía, contra Albania, la marca de goles de Alfredo di Stefano; el diésel estaba a 71 pesetas y la gasolina a 85; Miterrand anunciaba la primera guerra del Golfo y Aristide ganaba la presidencia en Haití en elecciones libres.

Todo eso y más pasó ese día, un miércoles 19 de diciembre de 1990; y yo, rompiendo en mi primer llanto.

Mamá estaba viendo Casablanca con mi tía cuando decidí salir al mundo. Papá estaba en uno de esos viajes suyos por el mundo. Cada uno estaba en su mundo. Dice que cuando recibió la noticia llamó a la televisión gritando "está llegando, está llegando" y cogió el primer avión que pudo en mitad de un conflicto bélico.

Fuí un bebe de 3 kilos y medio y 50 cm; dejé a todo el mundo embobado, al nacer con los ojos abiertos. Nunca he preguntado si fui deseada o no. ¿Alguno de vosotros ha preguntado si fue deseado?

Mamá quería matar a papá: lo mandó a casa a por una cesta que había preparado con mucho amor con mi primera ropita. Él se trajo la cesta de mimbre de las toallas que mi madre siempre colocaba al lado del váter (*dos toallas de bidé para envolverme*). Ella entró en un ataque de histeria y orden. Así que, gotero en mano, deambuló por toda la habitación doblando todas las toallas y organizándolas por tamaños y texturas. Una vez en casa, ésta se llenó de familiares. Mi tío Roberto pasó la noche en su twingo aparcado en la puerta tras 6 horas de viaje porque no quería despertarme con el timbre. Esto le derivó en su neumonía crónica. Otros, como la abuela que existía, trajo desde Madrid tuppers con comida en cantidades industriales. Teniendo una abuela que pasaba minutos, horas, días, meses, años, lustros... entre grandes ollas, estaba predestinada a esta redondez.

También estaban las hermanas de mi madre; Lucía del Rocio, Laura del Rocío, Lola del Rocío y Luz del Rocío. Y yo, rompiendo la tradición, ni L ni Rocio; me pusieron Manuela porque mi madre sentía que iba a ser artista.

ROSA

Toda mi vida ha estado marcada por el hecho de ser mujer. Desde que tengo uso de razón, me han bombardeado con la idea de casarme, ser madre, ser adicta a la moda y ser perfecta. Lo que se salga de eso, es ser una loca, una rara, una marimacho, etcétera, etcétera, etcétera...

A la edad de 3 años me dieron juguetes expresamente para niñas y de un color rosa repelente. Bebés a los que cuidar, dar de comer y bañar. Pasaba toda la noche en vela sintiendo que no era buena madre si dejaba a mi bebe de juguete toda la noche en una esquina de la habitación a oscuras.

• ¿Qué pasa si se despierta y no lo oigo llorar, eh?

• ¿Y si no le doy el biberón cada 4 horas como manda el manual de la buena madre de bebés de plásticos, eh ?

• ¿Qué pasa si se pone malito y no puedo llevarlo al hospital, eh ?

Y esas eran las preocupaciones que yo tenía a los 5 años, un lunes, a las 4 de la mañana.

Tras esos bebés llorones y cagones llegaron los recortables. Esbeltas, con cuerpo de sirena y vestidos que ninguna mujer normal podría llevar; eso despertó en mí una necesidad imperiosa por ir a la moda, hecha un pincel. Así me convertí en un pastelito de fresa y nata.

Y entonces, apareció la famosa BARBIE. La mujer perfecta, rubia, con los ojos celestes, con un cuerpo de infarto con sus proporciones perfectas y vestidos únicos. Era lo que toda mujer aspiraba ser y yo, con 9 años, ya era la antítesis de Barbie. Algo me hacía pensar que no estaba haciendo las cosas bien. Esa perfección no iba a ser fácil. Barbie era independiente, no necesitaba a nadie, pero uno de sus primeros vestidos fue un traje de novia ¿Que había mas libertario que decidir casarse? Eso sí, era la mujer de las 200 carreras profesionales pero, a pesar de ellas, Barbie no hacía nada. Las carreras profesionales eran otra excusa de ese sistema consumista para vender vestidos. Lo único que diferenciaba a la Barbie astronauta de la Barbie doctora era su ropa, lo cual alimenta su condición de icono de la superficialidad. Barbie podía ejercer la profesión que quisiera: infante de marina, capitán general del ejercito de tierra e, incluso, piloto de rally con la única condición de que todo su mundo profesional fuera rosa y olvidándonos de que esas carreras profesionales eran casi inalcanzables para las mujeres. Digo yo que cada Barbie profesional puede, por ejemplo, incluir un manual sobre su trabajo y al menos asi podríamos curiosear en qué consiste exactamente cada carrera. Las niñas, por otra parte, son muy espabiladas y comprenden enseguida que lo que ha llevado a Barbie a triunfar en todo lo que se ha propuesto no es su cerebro sino su belleza. Y esa belleza implicaba estar delgada.

¿Conocéis la Barbie fiesta de pijamas? Incluye una báscula que solo tiene una cifra (50 kilos) y un libro cuya portada dice "Cómo perder peso". La contraportada responde:"¡no comas!" Sin comentarios.

Eternamente maquillada, Barbie tiene unos pechos descomunales, una cintura en la que solo cabe medio hígado y unos centímetros de intestinos, unos pies de puntillas que quedan fabulosos con tacones pero... ¿quién puede andar con esos piececitos? ¿ Es que la puñetera barbie no sabe andar en chanclas?

¿En babuchas? ¿No le duelen los pies? Todo nuestro cuerpo está sujeto por los pies y, sin embargo, el icono de la mujer independiente no puede mantenerse sola; debe andar como si no rozara el suelo, sin hacer ruido, no vaya a molestar al resto del mundo y siempre dependiendo de otra mano y, si es la de un hombre, mejor. Barbie representa cómo la sociedad imagina a la mujer perfecta: blanca, sonriente, callada y con el pubis rasurado. ¡Ah! Y los tacones, que no se te olviden los tacones y, si duelen, sonríe, que cuanto más grande sea tu sonrisa, mas altos serán los tacones. Y si duele, te aguantas.

Así, unas tras otras, fueron pasando por mi vida las muñecas que marcaban mi condición de mujer. No, claro que no tengo miedo a reconocer que no soy perfecta; pero, en ocasiones, más de las que me gustaría, yo también quiero ser esa barbie recortable con posturas inaguantables y tacones de 10 cms.

¿Que mas da caerse? Lo importante es estar perfecta. Y sonreír, que no se me olvide sonreír.

MANUEL

Cuando nace un bebé se le asigna un sexo biológico aten-diendo a sus características físicas, macho o hembra. Eso nos en-casilla de una manera u otra en la sociedad, hombre o mujer. El género, sin embargo, viene determinado culturalmente. Lo que una cultura en un momento determinado considera propio de mujeres, es femenino y lo que considera propio de hombres, es masculino. Lo normal es que estos tres conceptos coincidan de manera que naces macho, la sociedad te ve como hombre y tus acciones u objetos son masculinos. Pero en ocasiones todo esto se ve distorsionado.

Tenía 11 años, me gustaba jugar al fútbol, subirme a los árbo-les, andar con chicos. Odiaba el rosa, los ositos y las casas de muñecas. No quería vestidos. Quería vaqueros y camisetas para poder correr y mancharme hasta las cejas. ¿Y si soy un chico? Me asaltaban dudas:

- ¿Qué se espera de un chico?

- ¿Qué pasa si no me crece la nuez?

- ¿Solo yo siento esto?

- ¿Tendré que llevar el pelo corto?

- ¿Y si no me crece la barba?

- ¿Cómo deberé llamarme?

Empecé a despreciar todo lo que tuviera que ver con lo estric-tamente femenino. El día que me bajó la regla, lloré de rabia. Eso empezaba a hacerme aún más mujer. Pero tampoco me sentía cómoda en la idea de ser un chico. Y en mi cabeza seguían sonando miles de cuestiones.

- ¿Puede un chico ser bailarina?

- ¿Y si quiero ser enfermero?

- ¿Podré llorar?

Imaginaos lo extrañas que debían ser para una niña de 11 años todas esas preguntas. Me miraba al espejo día y noche buscando en mí ese cambio de cuerpo que creía que estaba necesitando. Pero el espejo me devolvía una imagen contraria. Me estaba saliendo pecho, veía mis caderas cada día más anchas, mi voz se agudizaba cuando tendría que pasar lo contrario...

Soy un chico, soy un chico, soy un chico, soy un chico, soy un chico, soy un chico, soy un chico, soy un chico,....

Así, un día, otro, otro, otro. Me debatía entre lo que la sociedad mandaba y lo que yo quería. Dudaba si quería ser un chico o era lo que me habían dicho que parecía, según mis gustos. Seguían creciéndome los pechos y ensanchándoseme las caderas y no me terminaba de desagradar. Mi voz no era grave pero me gustaba escucharla. Lo asumí.

No soy un chico. No soy un chico aunque me guste usar camisas, el color azul y los coches teledirigidos. No soy un chico aunque odie las barbies, los recortables, las cocinitas. Comprendí que puedo combinar todo eso. Puedo usar tacones con camisa. Puedo maquillarme e ir en traje de chaqueta. Y, sobre todo, comprendí que mi género, mi sexo o mi orientación sexual son solo y exclusivamente míos.

A

9 de la mañana: llego al instituto con mi mochila morada.

9 y 2 minutos: estoy paralizada en la puerta; sé que A acaba de cruzar la calle y va a entrar.

9 y 5 minutos: hago un sprint rápido para llegar a clase antes que A. Cierro la puerta y me siento, mochila incluida, chaqueta puesta, gorro y bufanda. La obsesión del ruido me persigue. Llegan, los escucho, van a entrar, van a entrar.

9 y 7 minutos: la profesora entra, empieza la clase.

11 y 30 minutos: la peor hora, el recreo. Saco el bocadillo de la mochila, bajo las escaleras rápidamente, salgo al patio. A y sus secuaces a la izquierda, los observadores a la derecha.

"Huevo Kindel, Balón de Playa, Agujero Negro, Mesa de Camilla, Hamburguesa, Cubo de Cebo".

11 y 35 minutos: solo han pasado 5 minutos y para mí es toda una eternidad. Agacho la cabeza. Tiro el bocadillo a la basura.

"Huevo Kinde, Balón de Playa, Agujero Negro, Mesa de Camilla, Hamburguesa, Cubo de cebo"

12 de la mañana: en clase. Siento las miradas en mi nuca. Estoy en la pizarra resolviendo una ecuación. Sé que lo sé, pero fallo. No hay que destacar. La profesora me corrige. Sé que lo sé y miento. No hay que destacar. A piensa que sé. A, contenta; yo, tranquila. Uso la estrategia, virtud de cualquier acosado.

14 horas: suena el timbre. Maratonianamente, salgo de clase. A sale de clase.

"Huevo Kindel, Balón de Playa, Agujero Negro, Mesa de Camilla, Hamburguesa, Cubo de Cebo"

Problema 1: Manuela sale andando a 5 kms/hora hacia los observadores. Segundos después, A sale andado a 6 kms/hora en la misma dirección. ¿Se encuentran? Si es así, ¿en qué punto del patio y a qué velocidad se encuentran?

En este caso, las matemáticas nunca fallan: se encuentran.

Problema 2: Si A corre más que Manuela ¿que ocurrirá?

• Opción 1. Manuela se tropieza y cae por las escaleras: se rompe tibia, peroné, cúbito, radio, omóplato, tres costillas y dos dientes. A no ayuda.

• Opción 2. A usa sus poderes de teletransportación y alcanza a Manuela antes de bajar las escaleras

• Opción 3. A intercepta a Manuela, porque A corre más que Manuela.

Las matemáticas siempre son exactas.

TRÁNSITO

El estómago es un órgano muy parecido a un globo ya que tiene la capacidad de estirarse como un elástico. Cuando está sin actividad, tiene una capacidad de unos 50 mililitros. Sin embargo, puede dilatarse unas 80 veces más y almacenar aproximadamente 4 litros de alimentos. Por ello, si una persona intenta ingerir más comida, el estómago mismo lo frena.

Pues a mí, no me ha frenado en la vida. Es más, he sido yo la que lo he frenado: que si pollito a la plancha, lechuguita, que si manzana por aquí y manzana por allá. ¿Y cuál fue el resultado? Un mono como si de una heroinómana se tratase. Sí, sí, adicta al azúcar y a las calorías vacías. Y tuve temblores, frío, dolor de huesos y sueños. Ese es el mejor momento. Estoy en un sitio oscuro y, por arte de magia, se dibuja ante mí la puerta de Alicia y una galletita que me mira con ojos golosos y un cartelito que pone CÓMEME. Pues claro que te voy a comer. Y me hago pequeñita, pequeñita y entro por el ojo de la cerradura... yo, por el ojo de una cerradura. Y allí está ante mí: EL PARAISO. Nubes de azúcar, ríos de chocolate, montañas de rosquillas como las de los simpson, césped de gominolas, ositos haribo, galletas de dinosaurios, tartas de fresa, de queso, de crema tostada, manzanas confitadas, natillas,merengue, turrón... y ahí que voy yo, cual enamorada, a abrazarme con mi querido árbol de regaliz. ¡Que explosión de sabor! Y allí pasaba yo mis horas de sueños, mordiendo rosquillas, bañándome en chocolate y segando el césped a bocado. Y siendo capaz de comerme 40 litros más de lo que la OMS recomienda.

Meto humor con amor que, si no, no se digiere. Y yo, en digestiones, soy experta. Las obsesiones tienen eso, te hacen experta cum laude en la materia de consumir. Es eso o pensar, y, si pienso, me da por comer. Así que mejor, primero siempre opto por la obsesión y luego... bueno, luego voy a terminar comiendo igualmente pero con la satisfacción de intentar no pensar primero. ¡Ah! Y la dieta del cucurucho: comer mucho y comer mucho.

No, no tengo miedo a reconocer que no soy perfecta, ya lo he dicho otras veces. ¿Qué es la perfección? Perfecto es cualquier cuerpo que se ame a sí mismo. ¿Y yo? ¿Soy Perfecta? Miradme. Exacto, señores, estoy a dos preciosos kilos de que Green Peace me proteja. Es obvio que no soy perfecta. Pero, ¿quién lo es? ¿Es acaso la televisión perfecta?¿Son perfectas esas chicas delgadas y guapas que salen en miles de series, películas y obras de teatro? Ojo, que nos conocemos: yo nunca he dicho que yo no sea guapa, pero sí me pregunto muchas veces si merece la pena ser perfecta.

Desayuno, 9.30: café con leche desnatada, media integral con aceite y tomate. 288 kcal. Media Mañana, 12.00: manzana. 72 kcal.

Almuerzo, 14.30: gazpacho y pollo a la plancha. 254 kcal. Merienda, 16.30: naranja 62 kcal.

Cena, 22.00: huevo y verduras salteadas. 202 kcal.

Le metía a mi cuerpo menos de 950 kcal e intentaba quemar, como mínimo, el doble al día. ¿De verdad merece la pena ser perfecta?

No quiero volver a mirarme y encerrarme en el baño. Contar calorías. Hacer horas de ayuno. Tomar batidos adelgazantes. No enseñar las piernas porque están demasiado gordas. No ponerme bikini para que no se me vea la barriga. No quiero intentar caer bien a todo el mundo. No hablar demasiado por no ser pesada y parecer inmadura. No contar mis problemas porque seguro que no son lo suficientemente importantes. Y tragar, y tragar, y tragar, que en eso tengo máster. Es un círculo vicioso. Abro un bote de colacao y empiezo. Una cuchara, otra, otra, fuuuu empieza a doler pero aún es tolerable; otra, otra, otra y, en la última, ya no puedo hablar. Duele, joder, que me arranquen el estómago. Llego al hospital: "has estado a punto de obstruirte el intestino". Vuelves a abrir el bote y, de la primera a la última, respiras entre cucharada y cucharada. No deja de doler, las voces no se callan. Lo sé, no debería hacerlo. Corro hasta el baño, cierro el pestillo, agarro el cepillo de dientes, me pongo de rodillas, abro la boca y, poco a poco, introduzco los dedos, agh, el final del cepillo de dientes, agh, joder, dedos y cepillo de nuevo, agh, cepillo y dedos, uffff, por fin, ya está todo fuera. Me duele la garganta, tengo las lágrimas saltadas, me duele el estómago y un vacío en la boca del mismo. Vomitona tras vomitona, me siento perfecta por fuera pero vacía por dentro. Vomito hasta que salen las mariposas muertas. Y tengo que llenar el hueco con comida. Me castigo de esa manera por matarlas Avanza, joder!

Perdonadme, me pongo a vomitar y vomito hasta lo que pienso.

FÁTIMA

Recuerdo mi primer beso. Yo me había "enamorado" del malote del campamento de verano. Habíamos quedado para besarnos en el patio trasero pero yo nunca había besado a nadie. Se lo conté a mi compañera de cuarto, tres años mayor que yo, y se ofreció voluntaria para enseñarme. "Es fácil, tranquila. Cierra los ojos". Yo cerré los ojos con fuerza. Sentí como ella se acercaba a mí, estaba muy cerca, notaba su respiración en mi nariz y sentí como su boca se abría. Por unos segundos pensé que era la boca más grande que había imaginado y que iba a terminar tragándome. En ese momento y sin darme tiempo a abrir los ojos, me besó. Mi pie se fue despegando poco a poco hasta formar un ángulo recto perfecto con la rodilla y el muslo. Fueron 15 segundos lo que sus labios rozaron los míos, pero yo no quería que acabaran. Me hacía cosquillas el estómago, me ardían las orejas. Nervios, pensé. Pero, al besar al chico, no se movió nada dentro de mí y mi pie no formó un angulo recto. Nervios, volví a pensar, y salí corriendo. Esa noche me la pasé pensando en esos labios suaves y la sutileza de su mano en mi cintura. Fue fácil, tenía razón.

Después de eso, pasé mucho tiempo dándole vueltas a esa historia; besaba a chicos buscando esa magia, ese ardor detrás de las orejas, ese pellizco en la boca del estómago, que se me despegara el pie del suelo; pero nada. No se encendía esa llama. Lo asumí, soy lesbiana.

Y aquí empieza la segunda parte: contárselo a mis padres.

Con papá fue fácil, no hizo falta mucho. De hecho, fue él quien sacó el tema. Y todo siguió su curso, yo no supe qué contestarle.

Con mamá fue un poco más complicado. Ella planchaba y yo me senté en la cama, mirándola. A mi alrededor los sonidos se magnificaban, la fricción de la plancha contra el vestido rojo que mi madre estaba planchando, mi respiración a contratiempo, otra vez la plancha arriba y abajo, arriba y abajo, arriba y abajo, mi respiración aún más a contratiempo, se unía mi pie contra el suelo a modo de tic nervioso, más plancha arriba y abajo, arriba y abajo. "Mamá soy lesbiana" Mi respiración en un sostenido. Más plancha arriba y abajo. Pie con tic. Respiración a contratiempo. Plancha arriba y abajo. Pie con tic. "Mamá, soy lesbiana" Plancha arriba y abajo, arriba y abajo, arriba y abajo, arriba y abajo. Respiración a contratiempo y mi cabeza a punto de estallar como una olla exprés. "¡Mama, soy lesbiana" y los sonidos pararon de golpe. Fueron de nuevo 15 segundos, pero esta vez sí quería que se acabaran. Intentaba disimularlo pero su cara empezaba a desencajarse. Sé que no quería defraudarme, pero tampoco sabía cómo actuar. El color de su cara empezaba a fusionarse con la pared y sonreía de medio lado. Esa sonrisa es de familia, lo hacemos cuando necesitamos ordenar algo en nuestra cabeza que se empeña en desmontarnos la azotea. Yo seguía mirandola fijamente, buscando en cierto modo su aprobación, al menos que dijese algo para saber que no le había dado un ataque a la patata. Y con la cara desencajada y la sonrisa de medio lado me dijo " Anda hija, pon la mesa que vienen tus tías a comer" " Y ve a comprar el pan que para la pringá viene mejor bollo, y en casa solo tenemos viena". "Y píntate un poquito que tus tías te vean guapa". ¿De verdad no había un comentario menos acertado? Tardé en entenderlo pero, ahora sé que ella tenía tanto miedo como yo. Yo, a que ellos no me aceptaran; ella, a que la sociedad me hiciera daño.

DORA

Crecí con un padre semiausente, siempre de viaje en viaje con el mismo esquema: 1 mes en casa y 3 fuera. Y yo esperaba a que llegara cargado de historias... y así, poco a poco, me fui aficionando a viajar.

Me sentía egoísta si le pedía que se quedara conmigo pero me lo habían explicado mil veces: "tienes unos padres que te quieren, una casa, vas al colegio, la nevera y la despensa llenas de comida. Pero hay niños que duermen en la calle mientras los cazas bombardean su ciudad y no tienen ni una miga de pan que llevarse a la boca" Niños menos afortunados que yo lo necesitaban. Yo, a mi manera, también lo necesitaba con 17. Y, a mi manera, lo sigo necesitando ahora .

Mark Twain dice "viajar te enseña" y a mí, los viajes de papá me enseñaron la realidad de vivir en las guerras. Mientras, en mi casa, caía una BOMBA y todos explotábamos. LA SEPARACIÓN DE MIS PADRES marcó un antes y un después. El bombardeo había comenzado

- ¿Que pasaría si papá tenía una nueva novia?

- ¿Ya no iba a vivir con nosotros?

- ¿Podría quedarme con su despacho?

- ¿Seguiría siendo mi padre?

- ¿Si viviendo aquí lo veía poco, lo veré cuando no viva aquí?

- ¿ Se olvidará de mi?

Mientras todo esto estallaba en mi cabeza, simplemente lo miré y dije: -Si tu nueva novia no es rubia y me sigues queriendo, todo está bien-.

Papá se mudó a Madrid, tuvo una novia morena y dejó de viajar. Nos separaban 536 km. Cuando venía a por mí, me sentía la persona más afortunada del mundo durante 5 horas. Escuchando Sicarios, de Rubén Blades, La Albada, de Labordeta, Papá cuéntame otra vez, de Ismael Serrano... y allí viajábamos sin abandonar la A5. Otra bomba estaba a punto de caer ...

-Vas a tener un hermano-

- ¿Lo querrá a él más que a mí?

- ¿Me dará de lado?

- ¿Dejaré de ser su hija favorita?

- ¿Cómo será?

- ¿Le caeré bien?

- ¿Me llamará hermana?

- ¿Sabré ser la hermana mayor?

Me sentía una princesa destronada. Llevaba media vida siendo el ojito derecho de un padre al que tenía endiosado y ahora, el 17 Agosto, llegaba un enano encantador a ocupar el trono.

- Quiero mudarme con vosotros.

- Quiero estudiar artes escénicas.

- Quiero vivir mi propia vida.

- En Madrid tengo más oportunidades de triunfar.

Y allí que me fuí. Pronunciando tímidamente un Hola a lo nuevo y aceptando a un mocoso llorón al que amo con locura.

Ese fue el primer viaje que marcaría la manera de viajar de los próximos años, repentina y sin pensar. Era el inicio de la búsqueda de mí misma. A Madrid le seguirían Irlanda y Lanzarote. Maletas que iban y venían. Miedos. Aviones. Pero puse un pie en esa isla y respiré. Y fue allí, en la isla de los volcanes, donde entendí que el verdadero volcán era yo. Tenía que soltar toda la lava que me ardía por dentro y, una vez todo eso solidificara, podría ser yo. Lo importante no es el suelo que piso sino cómo lo piso.

TERE

Su mirada enciende mi mundo y me hace querer saber más. Su mirada confusa y llena de vida. Su sonrisa es adictiva. Amo su sonrisa cómplice, amo cada beso, su deseo. Me derrito por morder sus labios. Nunca me alejaría más de dos centímetros de su boca. Así, cada vez que mis ansias de su amor desbordasen mis fuerzas, solo tendría que cruzar ese pequeño abismo para rozar de nuevo el cielo de sus labios Sus manos recorren mi cuerpo haciendo que cada centímetro de mi piel se erice. Amo los lunares de su piel que forman un universo. Le acaricio con ternura todas sus cicatrices, me encanta estar en el precipicio de su piel. La respiración se entrecorta, los sudores se mezclan, las ganas de volar aparecen sin miedo a caer al vacío. Mi corazón late de 5 en 5, siento que encajamos, como las dos últimas piezas de un puzzle. Estoy enamorada.

¿Qué tendrá para crear esta adicción? No lo sé, pero quiero que nunca deje de hacerlo. Será que estoy loca, yo que sé.

Pensaba en el amor como algo que, sin ser perfecto, haría de cada momento algo maravilloso... pero nunca ocurría. Hasta que llegó para cambiarme la vida, para quitarme las penas y sacudirme. Como un sueño de esos que terminan justo cuando abres los ojos, dejando en las pestañas el regusto de felicidad que no fuiste capaz de conservar al abrirlos.

No fue amor a primera vista, pero sí que hubo algo aquel día. Con paso firme me planté en la entrada de su mundo, derribando las barreras que creía que nadie volvería a cruzar... al menos no por el momento.

Me hizo darme cuenta de que el amor que había vivido antes fue solo un simulacro que me preparaba para todo esto.. .

Me he dado cuenta de que ahora sonrío más que antes. Me contagia siempre sus ganas de ser feliz y no puedo evitar querer ir siempre un poco más allá.

Por fin, el volcán ha parado.

MANUELA

Elige la vida. Elige Facebook, Twitter, Instagram y reza porque a alguien, en alguna parte, le importe...

Elige ir siempre perfecta porque, sin darte cuenta, puede que una cámara esté grabando por donde tú pisas. Elige ver cómo la historia se repite. Elige tu futuro. Elige batidos para adelgazar, elige pastillas para quitar el hambre, elige el ayuno y ahoga el dolor con una dosis desconocida de una droga desconocida hecha en la cocina de un desconocido. Y luego... intenta respirar profundamente... Eres una adicta, así que sé adicta. Sólo sé adicta a algo más. Estate tranquila, te queda Facebook, Twitter, Istagram, Facetime, los filtros beauty, Photoshop, los billetes de avión, los retiros espirituales, los cambios de identidad o la máquina del tiempo: hace siglos hubieras sido considerada por tu cuerpo como una diosa y no como una foca.

¡No me mires así! ¡Ya lo sé! Tendría que haberle hecho más caso a mi madre. "Hija, con 30 kilos menos podrías estar encima de un escenario". "Tienes demasiada papada". "Tienes demasiada barriga". "Tienes demasiados muslos". "¿De verdad vas a enseñar las piernas? Las chicas entraditas en carne no deben enseñarlas". ¿Te vas a desnudar? No podrás desnudarte, nadie quiere ver a una gorda desnuda"."¡Qué vergüenza!"

¡No, no me mires así, como si yo fuera otra! Soy la misma. Claro que quiero conseguir mis metas.

¿Pero, qué quieres? ¿Que vuelva a pasarme las horas en el baño, vomitando, mientras cuento las calorías que ingiero? ¿Que nada acalle el dolor interno? ¿Que me siga sintiendo una inútil?

¿Que me pase el día pendiente de si entro o no en las medidas exactas? Aquel día entré en conflicto. 90-60-90 *(Repetir. Goteo)*.

¿Alguien se ha preguntado cómo estoy? Llevo una hora escupiéndoos mi vida y ahí estáis negándoos a pensar ¿Alguien se ha preguntado cómo estoy? ¿Os habéis preguntado cómo estáis? Lleváis un rato sentados al lado de alguien a quien tal vez conozcáis o tal vez no, pasáis la vida cruzándoos con personas que tal vez estén luchando contra sí mismas. Y sólo os fijáis en si son gordas, delgadas o tienen pinta de mariconas o bolleras.

Y tú, no me mires así. Que tengo esa maldita sensación de que nunca seré perfecta. Nunca. No me mires así, que anoche me desperté soñando que me miraba al espejo y mis límites se salían de él. No me mires así, como si fuese mi obligación entrar en vuestras estúpidas medidas estándar. Como si solo yo tuviese la obligación de cambiar. Miraos, sois vosotros los que tenéis que cambiar. Son vuestras estúpidas ideas las que tienen que cambiar.

¡Al carajo las dietas!¡Al carajo las calorías! ¡Al carajo los estereotipos, los cánones de belleza y las cinturas de avispa! ¡Al carajo quien piense que mi peso va a limitarme! ¡Al carajo quien no daba un duro por mi sueño! ¡Al carajo esa yo, que se creyó un bicho raro!

Me llamo Manuela, 123- 116- 133. Día 18 de septiembre . Hora: 20.30, Teatro TNT Obra: Perfecta. Actriz: Manuela Alonso.

¿Sabes por qué yo estoy guapa?
Porque el brillo de los ojos no se opera.
Cuando tú estás nulo por dentro, o vacío, o vacía....
vives, pero no te sale la flor de la piel, la belleza de tus sentimien-
tos, de lo que eres, de lo humano,
de como te fijas en los detalles"
Lola Flores

LA NOCHE EN LLAMAS

Borja de Diego

*Mención de honor del V Certamen de Teatro Suso de
Marcos-Premio Ciudad de Málaga (2021)*

*Texto escrito al amparo de las ayudas a la creación cultural ante
la situación generada por la COVID-19 (2020)*

*"A los ángeles más frágiles del rock&roll
les gusta jugar a la muerte"*

Guillermo Alvah

DRAMATIS PERSONAE

GUSTAVO, el narrador de esta historia, autoproclamado poeta.

SAMUEL, el anfitrión que nos acoge.

DAVID, el mozo que canta y toca la guitarra.

LUZ, la joven que aguarda tras el espejismo.

Todos ellos han estrenado los 18 años. Puesto que el narrador habla desde otro tiempo, los veremos aquí como las sombras de un recuerdo.

Prólogo

El salón de un piso de estudiantes. Un sofá antiguo y sillones a juego. En el centro de la escena vemos una mesa baja. Por detrás, todos esos muebles que suelen conservar los dueños en esos hogares que no habitan y con los que conviven sus inquilinos. Apoyada sobre la pared descansa la funda de una guitarra. Derrumbado sobre el sofá, con el instrumento en las manos, está SAMUEL. *Toca unos acordes, juega con ellos sin más intención que ver a dónde le llevan. A paso lento, como si no terminara de habitar la escena, entra* GUSTAVO.

GUSTAVO. *(Al público).* No morimos esa noche, aunque estuvimos cerca. Teníamos dieciocho, alguno diecinueve años. La edad de los que se creen inmortales. Con la mente despierta y el ingenio afilado, disfrutábamos de ese momento en que despertamos a la vida. La veíamos ante nosotros con el papel de regalo todavía puesto y nos lanzamos a romperlo. Sentíamos que nadie nos entendía, pero no nos importaba. No lo necesitábamos. Éramos arrojados e invencibles conquistadores, dueños de nuestro apogeo, con el primer pie sobre una tierra desconocida. Creíamos que bastaría pisarla para hacerla nuestra, pero estábamos equivocados: como inocentes grumetes vagábamos perdidos, cegados por la belleza de cuanto veíamos por primera vez. En definitiva, éramos jóvenes, acabábamos de aterrizar en la facultad y teníamos tanta hambre de todo. Tanta hambre y tanta sed. Por eso queríamos bebernos la noche. Salíamos cada noche a bebérnosla, aunque fuera de fuego y le bastara con abrir las alas para quemarnos la garganta. Queríamos bebernos la noche, aún así. Esa noche nos la bebimos. Y nos abrasamos.

SAMUEL *canturrea.*

GUSTAVO. Él es Samuel. Nos conocimos en Introducción a la Sociología. El primer día de carrera, en primero de Periodismo, ciento veinte personas coinciden en un mismo aula. Corazones tímidos que sueñan con ser los corresponsales del mañana. Samuel y yo nos sentamos juntos y eso bastó para que nos hiciéramos amigos. Qué fácil, ¿verdad? Después pasan los años y deja de ser tan fácil... Ésta es su casa... bueno, la de su casero, porque Samuel es de fuera y vive de alquiler. Es la primera vez que vengo; nunca antes nos había invitado porque no se lleva del todo bien con sus compañeros de piso. Las cosas de la convivencia, supongo: repartirse las tareas y que cada uno reclame un hueco en la nevera para sus táperes. No lo sé porque yo, en este momento de mi vida, sigo en casa de mis padres. *(Mira a su alrededor)*. Está razonablemente limpio... bueno, para nosotros es suficiente. El caso es que sus compañeros se han ido este fin de semana al pueblo y lo dejan solo. Es sábado por la noche, una fría y lluviosa noche de invierno. Hace una semana brindábamos por nuestra suerte en la calle porque, como pobres estudiantes, nos sale más barato que vernos en un bar. Además, nos gusta brindar bajo las estrellas. Tiene un cierto aire poético. Hoy podemos hacerlo bajo techo y eso es algo digno de celebrar. Además, esta noche no es una noche más. Esta noche vamos a jugar ser dioses.

SAMUEL. *(Llama)*. ¡Gustavo!

GUSTAVO. *(Al público)*. Me llamo Gustavo. Creo que no lo había dicho, ¿verdad? No falta mucho para que cumpla los diecinueve y... no necesitan saber mucho más de mí. Bueno, sí. Por aquel entonces me gustaba creer que era poeta.

ACTO I

Escena I

SAMUEL. *(Llama)*. ¡Gustavo!
GUSTAVO. ¿Qué pasa?
SAMUEL. ¿Qué hora es?
GUSTAVO. Las nueve...
SAMUEL. Ah, todavía queda.
GUSTAVO. ... según el reloj de tu microondas. Según mi móvil, las diez menos diez.
SAMUEL. ¡Hostia! Me voy duchando.

SAMUEL *se pone de pie de un salto, deja la guitarra en manos de* GUSTAVO *por no lanzarla a su suerte y se dispone a salir por uno de los laterales.*

GUSTAVO. Una cosa.
SAMUEL. ¿Qué pasa?
GUSTAVO. No me ha quedado claro cuántos somos al final.
SAMUEL. Pues... ya sabes...
GUSTAVO. No lo sé, por eso te pregunto.
SAMUEL. Tú, yo, David... José María dice que no puede...
GUSTAVO. Otro día que no puede. *(Al público).* Tiene que estudiar mucho, solo quedan dos meses para los exámenes. Es un poco agonía, pero se lo perdonamos porque sus apuntes son un bien colectivo.
SAMUEL. ... y Bea.
GUSTAVO. ¿Bea viene?
SAMUEL. Sí, ¿no?
GUSTAVO. No lo sé. Me lo estás diciendo ahora.
SAMUEL. Yo la he invitado.

GUSTAVO. ¿Cuándo?

SAMUEL. Ayer, en el descanso de Teoría de la Imagen.

GUSTAVO. Vale. ¿Y qué te dijo?

SAMUEL. Que vendría.

GUSTAVO. ¿De verdad?

SAMUEL. Bueno, que igual venía.

GUSTAVO. No es lo mismo.

SAMUEL. Al menos no dijo que no.

GUSTAVO. Pero no ha dado señales de vida desde entonces.

SAMUEL. No...

GUSTAVO. *(Al público)*. Él y yo sabemos que Bea no va a venir.

SAMUEL. *(Mira su móvil)*. A ver si me ha escrito... No, no me ha escrito.

GUSTAVO. Pues...

SAMUEL. Tú por si acaso cuenta con ella, así que somos... *(cuenta en silencio con los dedos)* cuatro.

GUSTAVO. Cinco. Luz viene.

SAMUEL. ¿Cómo que Luz viene?

GUSTAVO. David ha mandado un mensaje diciendo que viene.

SAMUEL. ¿Y quién la ha invitado?

GUSTAVO. Él.

SAMUEL. ¿Y por qué?

GUSTAVO. Porque es su novia.

SAMUEL. *(Molesto)*. Desde hace un mes.

GUSTAVO. Sí, cuando se conocieron.

SAMUEL. Pues no me parece.

GUSTAVO. Le tiene que parecer a él. Y no veo el problema. Luz es un encanto y siempre sale con nosotros, ¿no? Técnicamente somos amigos. *(Antes de que* SAMUEL *proteste)*. A lo que iba, ¿tenemos cena?

SAMUEL. ¡Claro, hombre! Tengo unas pizzas congeladas que hacen el apaño. De cerveza creo que va bien el tema, pero visto que somos uno más... Pon un sms a David, que antes de subir compre en el chino.

GUSTAVO. Ok.

SAMUEL. Y la sustancia... la traen ellos, ¿no?

GUSTAVO. Sí, ellos la traen.

SAMUEL. Perfecto.

GUSTAVO. *(Al público).* Casi se me olvida contarlo. La sustancia es...

SAMUEL. *(Lo interrumpe).* No te mosquees por lo de Bea, hombre. Creía que te lo había dicho.

GUSTAVO. No pasa nada. ¿Estás nervioso?

SAMUEL. ¿Por qué iba a estar nervioso?

GUSTAVO. Por lo que vamos a hacer esta noche.

SAMUEL. ¡Esta noche...!

GUSTAVO. Los planetas se han alineado esta noche.

SAMUEL. Esta noche va a ser...

GUSTAVO. ...memorable.

SAMUEL. Eso.

GUSTAVO. *(Con intención).* Y esta gente ya estará al caer.

SAMUEL. ¡Hostia! Me ducho, que vamos tarde.

GUSTAVO. *(Sonríe).* Ahora te entra la prisa.

SAMUEL. Son los nervios porque...

GUSTAVO. Ya, ya.

SAMUEL. ¡Va a ser una noche memorable!

SAMUEL *sale.* GUSTAVO *se queda en el sofá con la guitarra en las manos.*

GUSTAVO. *(De nuevo al público).* Él es así de ceremonioso... A David lo conocimos también el primer día de clase. Entre tanto muchachito y muchachita repeinados había un melenas que tenía pinta de tocar la guitarra, así que nos pusimos a hablar con él. Alguno dirá que fue el destino, pero no: fueron las melenas. Hablamos de música, claro. Sobre todo Samuel y él, que son los músicos. De hecho han montado un grupo que... bueno... han ensayado como tres veces. El caso es que nos caímos bien y empezamos a salir, y después David conoció a Luz. Los dos se apuntaron al taller de teatro de la Facultad y se gustaron. Y dejaron de ir al taller de teatro. Pero ahí están, saliendo juntos. Y nosotros con ellos. Ella es un encanto, no sé por qué éste no ve bien que se venga. Y lo de Bea... lo de Bea es más complicado. *(De repente cae)*. Un momento, que se me pasa el sms. *(Saca el móvil y teclea)*. "Buenas. Yo... ya... estoy... aquí. Dice... Samuel... que traigas... cerveza. El chino... bajo... su casa". Listo. *(Guarda el móvil)*. Bea es de nuestra clase, pero el que tiene más trato con ella es Samuel. A mí una vez me dijo que vestía un poco... ¿farragua? No lo entendí. Dice que es una palabreja de su pueblo, un bonito pueblo de Extremadura de cuyo nombre no puedo acordarme. Bea no es como nosotros, y no porque yo lo diga. Ella lo ha decidido de forma unilateral. Si le hablas te contesta, claro, porque es una chica muy educada, pero sigue su propio camino. De hecho, éste fue el único año que hizo en nuestra Facultad. En segundo ya no la volvimos a ver. No sé si cambió de carrera, si cambió de ciudad... La verdad, no sé qué ha sido de su vida. No lo sé.

GUSTAVO *se sume en el silencio mientras afina la guitarra y enlaza algunos acordes hasta que suena el timbre.*

GUSTAVO. Ya están aquí.

Escena II

Llegan DAVID *y* LUZ *con dos cajas de botellines.*

DAVID. ¡Ese poeta!
GUSTAVO. ¡Hombre!
DAVID. ¿Qué pasa, hermano?
LUZ. Hola...
GUSTAVO. Bienvenidos a la humilde morada de don Samuel. Que su casa sea refugio de estos pobres desvalidos.

Se dan besos y abrazos.

DAVID. ¿Cómo ha ido esa escapada a Roma?
GUSTAVO. Todo lo bien que puede ir con tus padres a punto de divorciarse.
DAVID. Hombre, ya... Pero la ciudad guay, ¿no?
GUSTAVO. Estupenda, maravillosa.
LUZ. Tiene que ser muy bonita, Roma...
GUSTAVO. *(Al público).* Sí, este Puente del Pilar estuve en Italia con mis padres. Un entrañable canto de cisne familiar. Tampoco es que ustedes necesitaran saberlo, pero bueno... ya lo saben. *(A* DAVID *y* LUZ*).* Tenéis que ir.
DAVID. Mucha estatua, ¿no?
GUSTAVO. ¡Si solo fueran las estatuas! Roma es eterna, interminable, es... el mausoleo de los soñadores, eso es.
DAVID. Soñadores como tú, poeta. ¿Y el anfitrión?
GUSTAVO. Duchándose. Quiere ponerse mono.
DAVID. ¿Para nosotros?
GUSTAVO. Para Bea.
DAVID. ¿Bea?
GUSTAVO. Bea.
DAVID. ¿Viene Bea?

GUSTAVO. Eso me ha dicho él.

DAVID. Pues nada, si ella se anima... *(Cambia de tema)*. Voy a poner esto a enfriar. Eso de ahí al fondo tiene pinta de ser la cocina, ¿verdad?

GUSTAVO. Verdad.

DAVID *sale cargando con las cajas.* GUSTAVO *hace un gesto a* LUZ, *un poco cortada, para que se siente.*

DAVID. *(Desde fuera)*. ¡Madre mía...!

GUSTAVO. ¿Qué tal?

LUZ. Bien...

DAVID. *(Desde fuera)*. ¡Este hombre se ha pasado con la cerveza!

DAVID *vuelve con el gesto contrariado.*

DAVID. No sé para qué me manda traer más, si tiene el frigo hasta arriba.

GUSTAVO. A mí lo que me preocupa son las botellas de champán.

DAVID. Eso se lo dije yo, que comprara para el ritual...

GUSTAVO. ¿Le dijiste media docena?

DAVID. ... pero no le dije que trajera tantas, solo una.

GUSTAVO. Pues ya tenemos también para Año Nuevo.

DAVID. Éste y el siguiente. A ver, nena, hazme sitio.

DAVID *se sienta junto a* LUZ. *Mientras esperan, la pareja intercambia algunos gestos cariñosos, hasta que* DAVID *recupera la guitarra y enlaza algunos acordes.* GUSTAVO *vuelve a proscenio, ante el público.*

GUSTAVO. No les he hablado mucho de Samuel. Por aquel entonces era amigo nuestro y se bebía hasta el agua de los charcos.

Todo lo probaba, todo, y terminaba echándolo fuera mientras yo le sujetaba la cabecita. Nunca entendí ese ansia suya. Se burlaba de mí porque cuando yo iba por la segunda, él ya enfilaba la quinta. Que calentaba el vaso, me decía. Aún así, todos aquí le teníamos cariño... hasta que decidió alejarse de nosotros.

Mientras GUSTAVO *habla a público,* LUZ *saca de su mochila una botella de apariencia curiosa, que guarda un líquido de llamativo color verde.*

GUSTAVO. *(Se vuelve y ve la botella).* ¡Hombre!
DAVID. ¿Cómo te quedas?
LUZ. ¡Mira cómo le brillan los ojillos!
DAVID. Se ha sorprendido y todo.
LUZ. Normal.
GUSTAVO. ¡Así que la leyenda era cierta!
DAVID. Y tanto, hermano.
GUSTAVO. Pero esto no se podrá comprar así como así, ¿no?
LUZ. Ay, qué inocente.
DAVID. Hoy en día se puede encontrar de todo.
GUSTAVO. Ya veréis cuando la vea nuestro anfitrión.

Entra SAMUEL, *vestido mucho más elegante que antes y apestando a colonia.*

DAVID. ¡Hablando del rey de Roma!
SAMUEL. ¿Cómo estamos?
DAVID. Esperándote, hermano, a que te pusieras guapetón.
LUZ. Qué elegante...
DAVID. Te has arreglado para no salir.
GUSTAVO. Es una forma muy lúcida de verlo.
SAMUEL. Es que viene Bea, ¿vale?
DAVID. Ya, ya me ha contado Gus que le has tirado la caña a Beíta.

SAMUEL. Bueno, tirarle la caña tampoco... Yo la he invitado y... yo qué sé, no sería la primera vez que sale con nosotros.

GUSTAVO. De hecho, nunca ha salido con nosotros. La gran diva ni nos mira.

SAMUEL. Sí, hombre. Ese día en la Alameda, cuando te dijo... ¿farracua? ¿farrachua?

DAVID. *(Canturrea)*. Ese farracua enamorao de la luna...

GUSTAVO. Ese día nos la encontramos, Sam.

SAMUEL. Vale. Pues la he invitado. ¿Algún problema?

DAVID. Ninguno, hombre. Por nuestra parte, genial.

GUSTAVO. Sabes que queremos lo mejor para ti.

SAMUEL. Venga, pues vamos a abrirnos unas birras y la esperamos...

LUZ *le muestra con ilusión la botella.*

SAMUEL. ¡...!

LUZ. ¡Se le ha cambiado la cara!

GUSTAVO. Os lo dije.

SAMUEL. ¡Hostia!

DAVID. ¡Claro, hermano!

SAMUEL. ¡Hostia, tío!

DAVID. Dije que la iba a traer, ¿no?

SAMUEL. Sí, sí...

DAVID. Y aquí está.

SAMUEL. ¡Pero mira qué verde!

DAVID. *(Ríe)*. Claro, hombre, verde es...

SAMUEL. Y qué bonita es la botella.

LUZ. Lo realmente bonito está dentro.

GUSTAVO. Y pronto estará dentro de nosotros, cuando aprendamos a mamar de las entrañas de la noche.

SAMUEL. Ya saltó el poeta.

DAVID. ¡Qué bien habla, cojone!

GUSTAVO. Nada, nada. Esta pequeña vocación de trovador.

SAMUEL. Venga, pues vamos a ir tomando una cervecilla mientras viene Bea.

DAVID. Subo la apuesta: una cervecilla y un petardete.

SAMUEL. Eso sí que suena bien.

DAVID. ¿Lo vas liando mientras sirvo, nena?

LUZ. Claro.

SAMUEL. *(Empieza a repartir latas de cerveza).* Estas no cabían en la nevera, así que bebed antes de que se pongan calientes.

DAVID. Qué buen anfitrión.

GUSTAVO. Cumple con las Escrituras: darás de beber al sediento.

DAVID. ¡Poeta, poeta!

GUSTAVO. Adelante, caballeros...

LUZ. ... y señorita.

GUSTAVO. Y señorita, mil perdones. Nos llama el néctar de los dioses.

DAVID. Y nosotros acudimos.

GUSTAVO. Tiremos la casa por la garganta.

SAMUEL. ¡Va a ser una noche memorable!

Escena III

El grupo aguarda desparramado entre el sofá y los sillones. Sobre la mesa, latas vacías y vasos de cerveza a medio beber. El cenicero está hasta arriba de colillas náufragas.

DAVID. Yo creo que no va a venir, Samuel.

SAMUEL. Claro que viene.

GUSTAVO. ¿De verdad te dijo que vendría?

SAMUEL. Que sí, hombre, que sí.

DAVID. *(Coge la guitarra y canturrea).* No viene... Bea no viene, no viene...

SAMUEL. Que sí, joder.

LUZ. *(Ataja).* Si ha dicho que viene es que viene. No lo agobiéis.

Pasan unos segundos de tregua. LUZ *abre su mochila y empieza a sacar velas, que reparte por el espacio y va encendiendo una a una.*

DAVID. ¿Y si la llamamos?

SAMUEL. No, hombre. Eso es muy invasivo.

DAVID. ¿Cómo va a ser invasivo si es ella la que te ha dado el teléfono?

GUSTAVO. ¿Para qué te lo ha dado entonces? ¿para que no la llames?

SAMUEL. Me lo daría por pesado, yo qué se...

LUZ. No quiere llamarla, dejadlo tranquilo.

DAVID. ¿Y un mensaje?

GUSTAVO. ¡Eso! Eso no es invasivo...

DAVID. Nada invasivo.

GUSTAVO. Todo lo contrario, es bastante cortés. Las relaciones por correspondencia del siglo XVIII se mantienen ahora por sms. Son los telegramas de nuestro tiempo.

DAVID. Verdad. Sería como mandarle un telegrama.

SAMUEL. ¡Que no le voy a mandar un mensaje! Voy a parecer un pesado.

DAVID. No, hombre, no.

GUSTAVO. Más bien un romántico, me temo. Los pesados son los románticos del siglo XXI.

DAVID. Tú escucha al poeta, que sabe de lo que habla.

GUSTAVO. No sé cómo tomarme eso.

DAVID. Hombre, los poetas siempre saben de lo que hablan.

GUSTAVO. O hablan como si supieran.

GUSTAVO *y* DAVID *se sonríen y brindan. Con la iluminación natural ya preparada,* LUZ *apaga la artificial. Se hace el silencio.*

LUZ. Tenéis que recordar...

SAMUEL. ¿El qué?

LUZ. Lo que estudiamos sobre la repetición en el mensaje, con Roldán.

GUSTAVO, DAVID *y* SAMUEL *se miran.*

LOS TRES. ¿El qué?

LUZ. *(Se esfuerza en recordar).* En todo sistema comunicativo es necesaria la repetición, para incidir sobre el receptor y garantizar que el mensaje llega de forma precisa.

GUSTAVO. Ya sabemos quién nos va a prestar sus apuntes.

DAVID. ¿De todas las tonterías que dice Roldán te has quedado con eso?

LUZ. ¿Tonterías por qué? A mí el tema me gusta.

GUSTAVO. La asignatura está bien. El que no está bien es Roldán.

SAMUEL. Recuerdo que el mismo principio decía... que la repetición puede generar saturación y pérdida de atención en el receptor.

LUZ. Cierto.

GUSTAVO. Ofú.

DAVID. ¿Pero qué saturación hombre?

SAMUEL. Pues la saturación...

GUSTAVO. Bea saturada, ya me la estoy imaginando.

DAVID. Mira, Samuel. No nos vamos a pasar toda la noche pendientes de si le apetece o no venir a la marquesa de Badajoz, así que mándale ese mensaje.

SAMUEL. Que no, que no.

DAVID. Pues nosotros empezamos. Nena, ¿vas liando la pipa de la paz, por favor?

LUZ. Voy.

LUZ *saca de su mochila una pipa y varias bolsas con hierbas.*

DAVID. Hasta que Bea no aparezca o éste no mande el mensaje de las narices, no fuma.

SAMUEL. Vosotros ganáis. Le mando el mensaje.

DAVID. Eso está mejor. Anda que... ¡saturación del receptor! Podríamos hacer una canción sobre eso, Samuelito.

GUSTAVO. ¿Cómo sería ese himno?

DAVID. *(Toca y canturrea).* Satúrame otra vez... satúrame otra vez...

GUSTAVO. *(Canturrea).* Estoy receptiva... satúrame otra vez...

SAMUEL. Muy graciosos.

LUZ. *(Mientras prepara la pipa).* Tiene pinta de caer en el examen.

GUSTAVO. Puede ser la parte con más sentido del temario, después de pasarnos un mes estudiando a las hormigas, las abejas y los monos sordomudos.

SAMUEL. Washoe, mi ídolo.

LUZ. Ídola. Era hembra.

DAVID. Esa asignatura no tiene ningún sentido.

LUZ. ¿Cómo que no?

DAVID. Hombre... Tiene sentido empezar Periodismo por las Teorías de la Comunicación, sí. Pero una cosa es eso y otra ponernos un documental de monos.

SAMUEL. No me dirás que lo de Washoe no es alucinante.

DAVID. Sí, hombre. Claro que lo es.

SAMUEL. ¡Un mono que habla con señas!

LUZ. De hecho, si os ha dado por mirar las fotocopias...

SAMUEL. Ninguno hemos hecho eso, Luz.

GUSTAVO. Y apuesto a que nadie de la clase.

LUZ. ... veréis que es una parte pequeña del temario. A este ritmo nos quedamos en Shannon, Weaver y la teoría matemática de la comunicación.

GUSTAVO. Pero es que Roldán está grillao. ¿A qué vino lo de resolver en clase un logaritmo?

SAMUEL. Será por lo de «teoría matemática».

GUSTAVO. Ya. Todos hemos llegado a esa idea.

LUZ. Sería una pena no llegar al final del temario. ¿Lo habéis mirado?

DAVID. Ni nosotros ni nadie, Lucecita.

LUZ. Pues ahí está toda la Escuela de Frankfurt. Las teorías críticas, Habermas, Adorno, Horkheimer...

GUSTAVO. Pero piensa en Roldán, mujer, y lo bien que se lo ha pasado con sus hormigas, sus monos y todos nosotros.

Ríen. LUZ *enciende la pipa.*

SAMUEL. Qué bien huele eso.

GUSTAVO. ¿De qué va la pipa?.

DAVID. Esto no tiene nada que ver con la absenta, pero está guay. Lleva maría y unas hierbas especiales del pueblo de Luz. Dicen que quien la fuma es capaz de ver su futuro.

GUSTAVO. Vosotros ya la habéis probado, claro.

DAVID. Sólo una vez.

GUSTAVO. Y nos podréis contar si de verdad se ve el futuro.

LUZ. Ah… ¡misterio!

DAVID. La respuesta te la dará la pipa, hermano.

GUSTAVO. Ya.

DAVID. Venga, ¡un valiente!

SAMUEL. ¡Yo mismo!

DAVID. Nuestro anfitrión. *(Le pasa la pipa)*. Primero aspira, retenlo un poco y luego trágatelo. Nada de echarlo hacia afuera.

SAMUEL. Vale.

SAMUEL *fuma. Los demás aguardan en silencio. Tras la calada, el joven deja pasar unos segundos con los ojos cerrados.*

DAVID. ¿Qué tal?

GUSTAVO. ¿Cómo se presenta el futuro?

SAMUEL. Pues…

GUSTAVO. ¿Has visto coches voladores, motos voladoras, móviles voladores…?

SAMUEL. …

GUSTAVO. ¿Se ha muerto la Reina de Inglaterra? ¿eres presidente del Gobierno?

LUZ. No lo agobies. *(A SAMUEL)*. ¿Todo bien?

SAMUEL. Sí, sí…

DAVID. ¿Qué has visto, Sami?

SAMUEL. Nada…

DAVID. ¿Nada?

SAMUEL. Nada. No he visto nada.

GUSTAVO. El futuro como página en blanco.

DAVID. *(Molesto)*. Quillo.

GUSTAVO. Es desolador…

DAVID. Quillo, ya.

SAMUEL. ¿Por qué no…?

LUZ. No pasa nada.

SAMUEL. ¿He hecho algo mal?

DAVID. Nada, tú tranquilo.

LUZ. Hay gente que entra y gente que no entra. Esto es como todo.

DAVID. Yo tampoco vi nada la primera vez.

SAMUEL. ...

LUZ. Venga, voy yo.

LUZ *fuma. Guarda silencio unos segundos. Sonríe aún sin abrir los ojos.*

LUZ. ... qué bonito.

DAVID. ¿Qué has visto, nena?

LUZ. ...

GUSTAVO. ¿Luz?

SAMUEL. Tío, yo no he visto nada...

GUSTAVO. Luz...

SAMUEL. Tío, ¿por qué?

GUSTAVO. Yo qué sé... ¡Luz!

LUZ. Sí, sí. Ahora os cuento. Dejadme un momento, que aterrice.

DAVID. Sin prisa, nena. Aterriza tranquila.

LUZ. Vale. He visto...

SAMUEL. ¿Qué? ¿qué has visto?

LUZ. Me he visto en la calle, con la cámara colgada al cuello, cubriendo una manifestación. Era periodista. Tenía que estar en el extranjero, porque hablaban extraño. Tal vez era holandés...

SAMUEL. Joder, qué chulo.

DAVID. Y de tu novio ni rastro, ¿no?

SAMUEL. Qué envidia...

LUZ. Pues... no, no salías.

DAVID. No salía.

LUZ. No...

DAVID. Muy bonito todo.

LUZ. No ha dado tiempo. ¿Cuánto ha durado, cinco segundos?

DAVID. *(Agarra la pipa).* Pues vamos a ver si te encuentro yo en mi futuro.

LUZ. No te enfades, tonto.

DAVID. Espero que estés al otro lado.

LUZ. Tío, de verdad, no te piques.

DAVID. Te quiero, nena *(fuma).*

GUSTAVO. Qué dramático eres.

SAMUEL. Rock and roll star y drama queen.

DAVID. ...

SAMUEL. No me jodas que éste también...

GUSTAVO. Parece que sí.

SAMUEL. El único cegato que no ha visto nada soy yo.

LUZ. O se entra o no se entra, no le des más vueltas... ¿David?

DAVID. ¿...?

LUZ. ¿Todo bien?

DAVID. Sí...

GUSTAVO. ¿Qué has visto?

DAVID. Las perdices de los cuentos. *(A LUZ)* Tú y yo viviendo juntos, con dos chiquillos. La parejita...

LUZ. ¡Ay, bonito!

GUSTAVO. Muy de cuento, sí.

SAMUEL. Pues no es incompatible con lo de ella. Lo que pasa es que Luz estaba en el tajo y tú en casa, cuidando de la progenie.

LUZ. *(Burlona).* Podría ser.

SAMUEL. De hecho, visto lo que te esfuerzas con la carrera, lo sorprendente habría sido verte trabajando de esto.

DAVID. Muy gracioso estás tú, ¿no?

LUZ. Anda, no te metas más con él.

DAVID. Además, lo mío es la música.

Mientras discuten, GUSTAVO *se ha hecho con la pipa.*

GUSTAVO. *(Al público).* Una vez soñé que podía ver el futuro metiendo la cabeza en el agua. Estaba ante un inmenso mar y para ver a través del tiempo sólo tenía que sumergirme. Contener la respiración. Resistir las corrientes. Dejar que la mirada se abriera paso entre reflejos fugaces, mil sombras azuladas que por momentos creía reconocer. Esas sombras me llamaban. Intentaba identificarlas, entornaba cada vez más los ojos, hasta que sacaba la cabeza para volver al presente y llenarme los pulmones. *(A sus amigos)*. Vamos a ver si funciona, ¿no?

DAVID. Buen viaje.

LUZ. Aquí te esperamos.

GUSTAVO *fuma. Cierra los ojos y deja pasar los segundos. Por momentos parece contenido e incómodo, como si algo le arañara los párpados por dentro.*

SAMUEL. ¿Tío?

DAVID. Tómate tu tiempo.

SAMUEL. Si soy el único que no ha visto nada, salto por la ventana.

DAVID. Esto es un tercero.

SAMUEL. ¿Y qué?

DAVID. Que como mucho te partirías una pierna.

SAMUEL. No lo había visto así.

GUSTAVO. ... hay mejores formas de hacer el idiota.

DAVID. ¡Hombre!

SAMUEL. ¿Qué ha pasado?

LUZ. Bienvenido de vuelta.

SAMUEL. ¿Has visto algo?

GUSTAVO. *(Al público)* Hay sueños que se olvidan tan pronto y otros, sin embargo, permanecen en nosotros. Parece que los arrastramos. Como aquel que les contaba, el del tiempo bajo el mar. De cuando en cuando pienso en aquello. También pienso en esa otra posibilidad: no sacar nunca la cabeza del agua, quedarme ahí para siempre. Ahogarme en el futuro. ¿Alguno de ustedes, alguna vez, ha muerto en un sueño?

SAMUEL. ¿Gus? ¿Qué has visto?

GUSTAVO. ...

SAMUEL. Tío, ¿qué has visto?

GUSTAVO. Nada.

SAMUEL. Venga ya. Te has llevado un buen rato...

GUSTAVO. Que no, que no.

DAVID. ¿De verdad, hermano?

GUSTAVO. Me temo que yo, como mi amigo Samuel: nada.

DAVID. Qué pena. Pensaba que lo mismo te encontrabas con las musas.

GUSTAVO. Ojalá. Seguirán escondidas entre las musarañas.

LUZ. Pues otra vez será. Al menos la pipa ha quedado rica, ¿no?

SAMUEL. ¡Mucho! Una cosa no quita la otra.

GUSTAVO. Algo es algo.

DAVID. Pues caballeros, ahora sí. Es hora de sacar a su majestad la absenta.

LUZ *va sirviendo pequeños vasos de chupito.*

DAVID. Nuestra idea era brindar por la suerte de habernos encontrado en la carrera y hacer tan buenas migas. Pero se me acaba de ocurrir que podríamos brindar por Roldán.

SAMUEL. Qué guasón.

GUSTAVO. Samuel, échalo de tu casa.

LUZ. Bueno, atended. Hay que tomárselo entero de una vez, pero no os lo traguéis del tirón. Saboreadlo un momento con los ojos cerrados. Y luego dejad que... sentidlo, solo sentidlo.

SAMUEL. Muy bien.

GUSTAVO. A la orden.

DAVID. Pues allá que vamos. ¿Caballeros?

LUZ. Y señorita.

DAVID. Y señorita. Por la suerte de habernos encontrado.

SAMUEL. Y por el futuro.

LUZ. Por un futuro juntos.

GUSTAVO. Eso, un futuro juntos.

DAVID. Salud.

Beben.

SAMUEL. ¡Hostia!
LUZ. ¿Lo sentís?
SAMUEL. ¡Sí!
GUSTAVO. Ya te digo...
LUZ. ¿Lo sentís dentro de vosotros?
SAMUEL. ¡Sí, sí!
GUSTAVO. Lo noto caer por la garganta...
SAMUEL. Está caliente, ¿verdad?
GUSTAVO. ... entra en mi pecho...
SAMUEL. ¡Qué sensación!
DAVID. ¡Aaaah!
GUSTAVO. ... me recorre los brazos hasta llegar a la punta de los dedos. Y mientras tanto...
SAMUEL. ¡Uuuuuh!
GUSTAVO. ... se extiende hacia abajo, me besa el estómago y me hace cosquillas en las piernas...
SAMUEL. ¡Pica! ¡me pican las piernas!
GUSTAVO. ... y...
SAMUEL. ¡Qué chulada, señores!
GUSTAVO. ... y al fin cae... no cae, desemboca...
SAMUEL. ¡Cómo baja! ¡cómo baja!
GUSTAVO. ... en la punta de mis pies.

El grupo comparte esos últimos segundos en silencio.

LUZ. ¿Qué tal?
GUSTAVO. Ha sido maravilloso.
SAMUEL. Qué-puta-pasada.
DAVID. Sabía que os iba a gustar, hermanos. Ya podéis decir que habéis probado la absenta.

Mientras el resto intercambia impresiones, LUZ empieza a bailar. Se mueve con sutilidad, tanta como para que no se den cuenta, como si el rastro de la absenta fuera activando su cuerpo poco a poco y sin forzar nada, mecida tan dulcemente por el momento.

SAMUEL. Otro chupito, ¿no?

DAVID. Espera, espera.

SAMUEL. ¿A qué?

GUSTAVO. *(Con intención).* A Bea. Íbamos a esperarla, ¿os acordáis?

SAMUEL. Venga, hombre, ¿no vamos a seguir con la absenta?

DAVID. Para eso, querido hermano, has comprado el champán.

SAMUEL. Pues me lo traigo...

GUSTAVO. *(Fijándose en LUZ).* Espera.

SAMUEL. ¿Qué?

GUSTAVO. Un momento...

SAMUEL. ¿Qué pasa?

GUSTAVO. *(Señala a LUZ).* Sólo un momento.

Al fin la ven. Ella no dice nada, solo sonríe. Deja que sus pies y sus brazos marchen solos, guiados por quién sabe qué ritual secreto. En el movimiento de sus brazos se intuye una brisa que invita y poco a poco va empujando a los otros. También sonríen, también se mecen, con la misma sutilidad con que empezó ella, más tímidos, hasta que LUZ les coge de las manos y les contagia su trance. Ella baila y les guía, ellos bailan y la siguen, y así se encuentran todos en ese corazón invisible que nos une en el pulso de la danza. En los pocos minutos que este hechizo consigue arañarle al tiempo, LUZ busca a DAVID, bailan juntos hasta que él parece cansarse, se vuelve y se encuentra a SAMUEL, quien al parecer lo esperaba; mientras, GUSTAVO permanece a una distancia mínima pero suficiente, bailando y mirando, mirando y bailando, hasta que sobre ellos, con la misma sutilidad, como si también hubiera empezado su propia danza y este crepúsculo sólo fuera para ellos, cae el OSCURO.

Acto II

Escena IV

Han pasado unas horas en lo que dura un suspiro. Tenemos la prueba sobre la mesa: cuatro copas de cava a medio beber, unas cuantas botellas de champán vacías y otra que resiste, aunque tampoco le queda mucho más. GUSTAVO *y* SAMUEL *apuran su líquido elemento, bastante perjudicados. Ni rastro de* DAVID *y* LUZ.

SAMUEL. ¿Te quieres creer que a mí no me gustaba el champán?
GUSTAVO. Primera cosa que se puede beber y no te gusta.
SAMUEL. ¡Cómo me pones, macho!
GUSTAVO. Te falta beber tu propia sangre.
SAMUEL. Exagerado.
GUSTAVO. Pues sí.

Beben en silencio.

SAMUEL. Creo que Bea no va a venir.
GUSTAVO. Te lo llevamos diciendo un rato, Samuel.
SAMUEL. Quería creer...
GUSTAVO. ¿Qué?
SAMUEL. Que nos daría una oportunidad.
GUSTAVO. ¿Nos?
SAMUEL. Bueno, vale: que me daría una oportunidad. Pero no sólo a mí, también a vosotros. Que podíamos ser amigos, pero ella...
GUSTAVO. ... ella es más del club de futuras presentadoras de la tele. Las que se sientan en primera fila.
SAMUEL. Eso. ¿Pero sabes qué te digo? Que ella se lo pierde...
GUSTAVO. Eso es.

SAMUEL. ... porque para mí teneros aquí, en el piso, es pura felicidad.

GUSTAVO. Ahí estamos.

SAMUEL. Porque yo aquí, ahora, me siento feliz. Me siento pleno, me siento dueño de mi tiempo, ¡hijo de la bohemia!

GUSTAVO. Me vas a quitar el puesto de poeta.

SAMUEL. De verdad, tío, de verdad. *(Lo abraza)*. Os quiero mucho, tío. ¡Mucho!

GUSTAVO. Y yo a ti, hombre. *(Alza su copa)*. Por la amistad, para que sus raíces nos estrechen.

Beben hasta agotar las copas.

GUSTAVO. *(Al público)*. Creo que ésta fue la última vez que brindamos juntos. Después de aquello...

SAMUEL. *(Lo interrumpe)*. Oye, ¿y esta gente?

GUSTAVO. *(Reacciona)*. Creo que Luz había ido al baño...

SAMUEL. Pero de eso hace una eternidad.

GUSTAVO. Estarán en alguna habitación.

SAMUEL. Qué cabrones.

GUSTAVO. Ya...

SAMUEL. Se supone que hemos quedado aquí los cuatro y se meten a follar en mi casa.

GUSTAVO. Deja tranquilas a las tórtolas. Tendrán frío.

SAMUEL. Es que ya les vale, tío.

GUSTAVO. ¿Qué más te da, hombre?

SAMUEL. Ya les vale.

Se impone un silencio. GUSTAVO *va a echarse otra copa, pero descubre que la gran botella verde está vacía.*

GUSTAVO. La hemos matado.

SAMUEL. Triste noticia. Solo nos queda el champán.

GUSTAVO. Pero esto caliente ni es champán ni es nada, ¿no?

SAMUEL. Todavía quedan botellas en la nevera. Voy.

SAMUEL *coge varias botellas vacías para quitarlas del medio y sale hacia la cocina.*

GUSTAVO. *(Al público).* El alcohol, la fórmula mágica de la exaltación de la amistad. Si él supiera... *(Calla un momento).* Les decía que fue la última vez que brindamos Samuel y yo, pero no es cierto. Acabo de recordar otra, una noche de Halloween en segundo de carrera, con Samuel y otros amigos suyos. No consigo recordar qué hacía yo allí. Fue cosa de Samuel, me invitó a ir, insistió y se pasó toda la noche hablándome como si me estuviera haciendo un favor. Sí, aquella fue la última vez.

Vibra un teléfono sobre la mesa.

GUSTAVO. *(Al público).* No es el mío. Es el de Samuel. No debería mirar pero... es... *(curiosea).* Bea. Un sms. Una respuesta, al fin.
SAMUEL. *(Desde fuera).* ¡Quillo!
GUSTAVO. *(Al público).* ¿Debería decírselo?

Vuelve SAMUEL. *En una mano, un par de botellas de champán. En la otra, un plato con una pizza del congelador recién hecha.*

SAMUEL. Algo tenemos que comer.
GUSTAVO. Oh. Muy buena idea.
SAMUEL. Esto para ti y para mí, y la parejita que pida si quiere.
GUSTAVO. Muchas gracias. *(Da un bocado).* Felicite al chef Tarradellas de mi parte.

SAMUEL *ríe.*

GUSTAVO. Samu, una cosa...

SAMUEL. *(Lo corta)*. En verdad está bien que no haya venido Bea.

GUSTAVO. ¿Y eso?

SAMUEL. Si no quiere estar, que no esté. No puedo ir todo el día detrás suya. Si no le gusta esta vida de juerga y rock and roll... que oposite para monja de clausura.

GUSTAVO. Monja de clausura presentadora de la tele, precisemos.

SAMUEL. Cada uno debe seguir su camino y el nuestro es la autodestrucción.

GUSTAVO. ¿El qué?

SAMUEL. Ya sabes, el rollo Bukowski. ¿Cómo era eso de que... bebes porque cuando bebes pasan cosas? Pues por eso, vivimos y bebemos. ¿Cómo era eso que dijiste antes? Lo de tirar la casa. ¿Cómo era, poeta?

GUSTAVO. Tirar la casa por la garganta.

SAMUEL. Eso. Mientras el cuerpo aguante, como haría Bukowski.

GUSTAVO. Brindo por ti.

Beben y se quedan en silencio.

GUSTAVO. *(Al público)*. Lo de beber para que pasen cosas en realidad es de Scott Fitzgerald, pero no importa. Por aquel entonces, a mí también me fascinaba el viejo Bukowski y su postura ante la vida. Tenía mi vocación de poeta maldito. Soñaba con morir joven y dejar ese bonito cadáver. Valiente tontería. ¿Quién, en lo más hondo de su corazón, en pleno apogeo de su juventud, querría realmente perder lo más valioso que tenemos? No, lo único. Lo único que tenemos.

SAMUEL. Te quiero, poeta.

GUSTAVO. Y yo, Samuelito.

SAMUEL. Voy... voy al baño.

SAMUEL *se pone en pie y se marcha con pasos torpes y apresurados.* GUSTAVO *vuelve a quedarse solo, con la mirada fija en su copa mientras escucha el lejano rugido del borracho que claudica.*

Escena V

Al poco, vuelve LUZ. *Entra con cuidado para no hacer ruido.* GUSTAVO, *ensimismado, no la ve llegar.*

LUZ. Hola...
GUSTAVO. Hola.
LUZ. ¿Sueñas despierto?
GUSTAVO. A veces, sí.
LUZ. Iba al baño.
GUSTAVO. Está ocupado. Samuel...

Se escucha a lo lejos su rugido.

LUZ. Ah.
GUSTAVO. Demasiado champán.
LUZ. Pues... me espero.

LUZ *se sienta.*

GUSTAVO. ¿Pizza?
LUZ. Sí, gracias. No sé cómo no se nos ha ocurrido cenar antes.
GUSTAVO. Porque somos unos inconscientes.
LUZ. Desde luego.

Comen y esperan en silencio.

LUZ. *(De repente).* ¿Te puedo preguntar una cosa?
GUSTAVO. Claro.
LUZ. ¿Os pasa algo conmigo?
GUSTAVO. No...
LUZ. Porque Samu...

GUSTAVO. Ya. Creo que está un poco celosillo, pero nada más.

LUZ. Entiendo.

GUSTAVO. A mí al menos no me pasa nada. Lo suyo será cuestión de tiempo.

LUZ. Es eso.

GUSTAVO. ¿Es qué?

LUZ. Ya sé lo que le pasa.

GUSTAVO. ¿Qué le pasa?

LUZ. Está pillado por él.

GUSTAVO. ¿Quién?

LUZ. Samuel.

GUSTAVO. ¿Por quién?

LUZ. Por David...

GUSTAVO. ¿Quieres decir... que es gay?

LUZ. No lo sé. Sólo digo que está pillado.

GUSTAVO. ...

LUZ. ¿Has visto cómo le mira?

GUSTAVO. No me he fijado tanto. Pasan tiempo juntos, han montado la banda... pero mujer, yo te diría que solo son amigos.

LUZ. Ya.

GUSTAVO. *(Piensa)*. Igual no vas desencaminada. Eres la novia que le quita tiempo de estar juntos.

LUZ. Eso es lo que no quería.

GUSTAVO. ¿Que Samuel te tenga celos?

LUZ. Ser la novia.

GUSTAVO. Ah...

LUZ. Solo la novia. Nada más que la novia.

GUSTAVO. Entiendo.

LUZ. He hecho lo posible. Creo que soy agradable, os propongo planes, estoy ahí. Siempre estoy ahí para vosotros. No sé qué más tengo que hacer.

GUSTAVO. Es usted un poco tímida. Eso no ayuda.

LUZ. Así que es culpa mía.

GUSTAVO. *(Al público).* Dicen que en la luz está la esencia de lo que vemos. Nuestra visión no es más que una construcción. El mundo, un espejismo. Los colores, por ejemplo, son solo ilusiones que crea la luz. Las distancias las apreciamos cuando ésta va y vuelve a nosotros, como el viajero que al regresar nos habla de mundos imposibles. Sin la luz, cada lugar se vería como lo que realmente es: un páramo gris. Y ni siquiera llegaríamos a ver ese páramo, porque recorreríamos ciegos el mundo, tropezando mucho más de lo que lo hacemos ya. Curiosamente, esa misma luz que nos otorga el milagro de la vista es invisible. Solo podemos apreciar su estela en la oscuridad, ese rastro que poco a poco desaparece, como el recuerdo lejano de un cometa. Nunca conoceremos su verdadera forma, aunque sea lo que nos permite habitar este bello espejismo. Así me sentí en ese momento ante ella, como si la descubriera por primera vez. Mi amiga, la que siempre estaría ahí, por muchos años que hayan pasado desde aquella noche. Creo que fue entonces cuando alcancé a verla, realmente, por vez primera. Había estado tan ciego... *(A LUZ).* Claro que no es culpa tuya. Lo siento.

LUZ. ...

GUSTAVO. David acapara mucho. Este joven galán, que nos canta y nos toca tan bien la guitarra, nos eclipsa a todos. También a ti.

LUZ. Sí.

GUSTAVO. Pero no lo convirtamos en el astro rey. Usted también es una persona bastante interesante.

LUZ. Muchas gracias.

GUSTAVO. Lo digo de verdad. De todos nosotros, eres la que te estás tomando en serio la carrera. Sabes mucho, prometes aún más y nos ayudas a todos. Aprendemos contigo. Yo te admiro. Un poco. Bastante.

LUZ. ...

GUSTAVO. Me alegra que salgas con mi amigo porque así te he conocido, amiga.

LUZ. A mí también me alegra.

GUSTAVO. Te voy a pedir un favor. Sé que no será fácil, por lo de la timidez, pero me gustaría que habláramos y compartiéramos más. Lo que tú puedas y quieras.

LUZ. Vale.

GUSTAVO. Hecho entonces.

LUZ. Hecho.

Se estrechan la mano.

GUSTAVO. *(Al público).* ¿Debería contarle...?

LUZ. Qué alivio que lo hayamos hablado.

GUSTAVO. Sí.. *(Con decisión).* Otra cosa, entre tú y yo. Está muy bien eso que ha dicho David, lo de las perdices y la parejita, pero yo que tú me centraría en la carrera y en seguir mi camino.

LUZ. ¿Por qué dices eso?

GUSTAVO. Es mi amigo y lo quiero mucho, pero él tiene claro que a la hora de la verdad sólo mirará por sí mismo. Así que no seas menos.

LUZ. ¿Cómo lo sabes?

GUSTAVO. Créeme, lo sé.

LUZ. Te veo muy seguro.

GUSTAVO. Como si viniera del futuro, ¿verdad?

LUZ. ¿Te lo ha dicho la pipa?

GUSTAVO. Puede.

Una sonrisa cómplice.

Escena VI

Entra SAMUEL, *que ya ha salido del baño.*

SAMUEL. ¡Ey!
LUZ. Ey... Voy al baño.
SAMUEL. Claro.

Sale LUZ.

SAMUEL. Por fin se deja ver la pareja. Bueno, media pareja. El otro...

Entra DAVID.

GUSTAVO. Hablando del rey de roma.
SAMUEL. ¡Ese fucker!
DAVID. ¡Quillo! Te va a oír...
SAMUEL. Lo pasamos bien, ¿eh?
GUSTAVO. Por favor, Samuel.
DAVID. Un caballero no habla de esas cosas. ¿Me lío uno y me acompañáis?
SAMUEL. Ya estás tardando.

DAVID *saca papel y una bolsa de boquillas. Se pone manos a la obra.*

GUSTAVO. ¿Cómo os va?
DAVID. Muy bien. Ella es... es alucinante, tío.
GUSTAVO. Sí, lo es.
SAMUEL. Podías haber avisado de que venía.
DAVID. Y he avisado.
SAMUEL. Pensaba que era noche solo de chicos.

GUSTAVO. Qué triste suena eso.

DAVID. ¡Si has invitado a Bea! ¿Qué dices?

SAMUEL. ...

GUSTAVO. Samuel, ya. Ella no te ha hecho nada.

DAVID. Gracias, hermano.

GUSTAVO. Cuando llegue el momento le pedirás sus apuntes y le contarás tus penas con Bea, querrás su hombro para llorar y te lo dará sin condiciones.

SAMUEL *va a decir algo, pero se lo termina guardando y asiente.*

GUSTAVO. Déivid, yo solo te pido una cosa.

DAVID. ¿El qué?

GUSTAVO. Te lo pido por favor. Prométemelo.

DAVID. Vale, ¿pero qué?

GUSTAVO. Por nuestra amistad.

DAVID. Suéltalo.

GUSTAVO. Que en vuestra boda haya croquetas.

DAVID. Anda, anda...

GUSTAVO. Croquetas de choco, que para eso eres de Cádiz.

DAVID. Calla, hombre. Falta mucho para eso. Muchísimo.

GUSTAVO. Pues antes te veías casado y con la parejita.

DAVID. Bueno, bueno...

SAMUEL. Es verdad, te lo dijo la pipa.

DAVID. Ya...

GUSTAVO. ¿Lo dijo o no lo dijo la pipa pitonisa?

DAVID. Ya.

GUSTAVO. ¿Ya qué?

DAVID. Que sí. Que vamos a dejarlo aquí.

Silencio incómodo. LUZ *sale del baño.*

LUZ. ¡Uy! Estáis todos aquí.

DAVID. Fumando un poquillo.

LUZ. Pues yo iba a acostarme ya.

DAVID. Ahora voy yo también.

LUZ *asiente y sale.* SAMUEL *eructa.*

SAMUEL. Perdón. El champán...

DAVID. ¿Cuánto ha bebido este hombre?

SAMUEL. Un poco...

GUSTAVO. Mucho más que tú y yo juntos.

SAMUEL. Sois unos exageraos.

GUSTAVO. Lo que tú digas.

SAMUEL. Ahora voy a tener yo la culpa.

GUSTAVO. ¿La culpa de qué?

DAVID. Nadie ha dicho eso, hermano.

SAMUEL. Venís los dos a mi casa, uno que si Bea esto o Bea lo otro...

GUSTAVO. Sam, sólo quería abrirte los ojos.

SAMUEL. ... y el otro se trae a la piba sin avisar.

GUSTAVO. La piba es nuestra amiga.

DAVID. Ya te he dicho que he avisado.

SAMUEL. ¡No me has avisado!

GUSTAVO. Déjalo, Déivid. Da igual lo que le digas.

SAMUEL. ¿Qué?

DAVID. Tío, de verdad que no te entiendo.

SAMUEL. ¿Qué pasa?

GUSTAVO. Dejadlo ya, los dos.

SAMUEL. ¿Eh? ¿Qué pasa?

GUSTAVO. Que estás celoso.

SAMUEL. ¿Qué?

GUSTAVO. Que estás celoso, eso pasa.

SAMUEL. ¿Celoso de quién?

GUSTAVO. De Luz.

Un silencio.

SAMUEL. Voy… No queda champán. Voy a por cerveza.

SAMUEL *sale.*

DAVID. ¿Qué quieres decir?
GUSTAVO. No lo sé.
DAVID. Has dicho celoso.
GUSTAVO. Ya.
DAVID. ¿Por qué crees que…?
GUSTAVO. *(Lo corta).* No sé. Es lo que me ha nacido. Tengo esa sensación.

Callan un momento.

DAVID. Seguro que se le pasa.
GUSTAVO. Sí, seguro.

Callan de nuevo.

GUSTAVO. *(Al público).* Cómo es la masculinidad, ¿verdad? Ahora creo que debimos hablarlo. No debimos dejarlo pasar. Al fin y al cabo se trataba de nuestro amigo. Pero no lo hicimos. No es la primera vez que siento que me escondo en ese silencio.

Vuelve SAMUEL *con más latas de cerveza. Las deja sobre la mesa, se abre una y bebe.*

DAVID. ¿Estás escribiendo?
GUSTAVO. Sí, estoy con algo.
DAVID. ¿Con qué?
GUSTAVO. Es un poco extraño.
DAVID. Cuéntame.
GUSTAVO. Pues… escribo sobre… sobre un momento.
SAMUEL. ¿Qué momento?

DAVID. ¿Un momento histórico o...?

GUSTAVO. No, no. Un momento especial. Da igual, es una rayada...

DAVID. Te escuchamos.

GUSTAVO. Es... un momento concreto. Una diminuta muesca en toda la línea temporal que es nuestra vida. Una muesca que queda marcada para siempre, porque nunca la podremos olvidar. En ese momento, los minutos no pasan sin más. Resuenan heroicos en el profundo pozo del tiempo. Caen poderosos como truenos sobre la tierra. Nos recorren como soldados heridos bajo un arco triunfal, aclamados, laureados, rescatados de la honda ciénaga de la muerte. Por poco que dure, por pequeño que sea. En ese momento, el menor silencio es glorioso. Es el silencio de los campos de batalla, el que queda tras la masacre y sólo alcanzan a escuchar los supervivientes. Y aún ese silencio huye herido. Cada palabra lo atraviesa, nos atrapan esas palabras. Parecen cuidadosamente escogidas por los poetas, certeros disparos sobre el cielo. Y son escurridizas, como si el lenguaje fuera un unicornio indomable pero, por un momento, pudiéramos mirarlo a los ojos. Ese momento...

GUSTAVO, *ensimismado, se detiene para comprobar que sus compañeros lo escuchan.*

SAMUEL. Ese momento... *(Eructa de nuevo).* Perdón.

DAVID. Sigue.

GUSTAVO. *(Al público).* ¿No les ha pasado nunca? En ese momento te sientes fuerte, invulnerable, en el lugar y el momento exactos. Por muy perdido que te sientas en la vida, sabes que es justo ahí y ahora donde tienes que estar. Puedes encontrártelo de repente, ante un amanecer en la playa, el atardecer que expira sobre un puente, un brindis con amigos, un saludo o una despedida en una estación de tren. El resto del mundo sigue como si nada y te preguntas cómo es posible. A mí me había pasado recientemente, en la ciudad fantasma de todos los veranos, cogido de la mano de una muchacha. Nos dibujamos constelaciones con vino tinto sobre el brazo, nos contamos cuentos a oscuras, acompasamos nuestro pulso al del otro. Esas noches secretas quedan para quienes las viven y nadie más. Crees entender por un momento por qué estamos vivos. Nunca te habías sentido tan vivo, nunca. Sabes que la noche pasará y quieres aferrarte a ella, que te lleve la noche. Te preguntas si morir en ese momento no sería el primer paso para volver a nacer, si no es lo más cercano a ser inmortal. Es el tiempo de los resucitados. Y es un tiempo para ti, transcurre y se cristaliza... hasta que se pierde y pasa. Porque dura lo que dura, hasta que se rompe el hechizo.

DAVID. Ahora lo entiendo.

SAMUEL. Yo no... ¿qué hay que entender?

DAVID. Son momentos grandes, épicos.

SAMUEL. ¿Como éste?

DAVID. Como éste, sí.

SAMUEL. *(Muy perjudicado)*. ¡Una noche memorable!

DAVID. Memorable va a ser la resaca que te va a dar mañana.

GUSTAVO. Por lo menos ocho grados en la escala de Richter.

SAMUEL *se pone en pie y los mira. Parece que va a decir algo, pero sale corriendo hacia el baño.*

GUSTAVO. Nunca había bebido tanto, ¿no?

DAVID. No, que yo recuerde.

Escuchan a lo lejos su rugido.

GUSTAVO. Ay, Samuel...

DAVID. Eso que contabas, lo del hechizo. Me ha gustado.

GUSTAVO. Gracias.

DAVID. Me ha gustado, sí. Podríamos hacer algo con eso.

GUSTAVO. Yo ya estoy haciendo algo con eso.

DAVID. Quiero decir juntos, hermano.

GUSTAVO. ¿Algo como qué?

DAVID. *(Coge la guitarra)*. No sé. Una canción.

GUSTAVO. Pero Déivid, te está esperando Luz...

DAVID. Que espere.

GUSTAVO. No, hombre...

DAVID. Por la hora que es, ya se habrá quedado dormida.

GUSTAVO. ¿No la despertaremos?

DAVID. Crearemos flojito. Hay que estar a lo que hay que estar. Cuando la inspiración te asalta...

GUSTAVO. No creo que Luz esté de acuerdo con tus prioridades.

DAVID. Para estar juntos tenemos que aceptarnos el uno al otro. Tiene que aceptarme. Y yo soy esto.

GUSTAVO. ¿Qué eres?

DAVID. Rock and roll, hermano.

GUSTAVO. ¿Qué dices?

DAVID. La vida bohemia, la guitarra en la oscuridad...

GUSTAVO. ... gatos maullando en los tejados.

DAVID. Eso, poeta. Eso.

GUSTAVO. Dime la verdad. ¿Por qué te metiste en la carrera?

DAVID. Algo tenía que hacer, y mejor Periodismo que otra cosa. A mí lo que me mueve es la guitarra y la carretera, Gustav. Componer bajo los puentes y cantar en las azoteas. Ir a donde me lleve la música, sin más equipaje que mis botas y este pedazo de madera. Como buen beatnik. Perderme con la misma entereza y dignidad con que lo haría un dios caído, y con suerte coronar el Olimpo y dejarme cuidar por las ninfas. Ser y morir como un mito...

GUSTAVO. *(Al público)*. Demasiado jóvenes para pensar en qué quedaría de nosotros a nuestra muerte. Jugábamos a imaginárnosla y hasta fantaseábamos. Solo eso.

DAVID. Ser un mito, no suena mal. Así quiero vivir y morir.

GUSTAVO. *(Al público).* Al final, David, lo menos importante será si acabas o no la carrera. No ejercerás nunca. Ni lo intentarás. Seguirás el camino de la música, sí, y alcanzarás a medias ese sueño. No como un beatnik, ni como una estrella del rock. Tocarás versiones en bodas, comuniones, cumpleaños y otras celebraciones de la vida. Versiones maravillosas de aquellas canciones tan famosas y tontas que tanto despreciamos. A tu estilo, pero versiones. Empezarás a ganar dinero, podrás darte de alta como autónomo, montarás una empresa y contratarás a otros músicos. Y estará bien así. Os irá bien. Os irá muy bien, y sobre todo disfrutarás de tu trabajo. Yo seguiré tus andanzas, presumiré de conocerte e intercambiaremos algún mensaje por redes sociales, para ponernos al día. Nuestro cariño perdurará, claro, pero también reconoceremos en el otro nuestras frustraciones, porque tú esperabas convertirte en una estrella y al final tendrás que reconciliarte con la música.

DAVID. *(Muy atento a lo que dice).* Sí, hombre.

GUSTAVO. Perdona. Soñaba en voz alta, o no sé... *(Sonríe y duda).* Nunca he escrito a cuatro manos. ¿Cómo va esto?

DAVID. Siempre hay una primera vez. Primero buscamos unos acordes que... *(Prueba).* No... esto no... no... así... *(Sigue probando).* Sí, esto me gusta, por aquí. *(Toca).* ¿Qué tal?

GUSTAVO. Suena bien.

DAVID. Y tanto que suena bien. Hoy componemos y el lunes ensayamos con la banda. Prepárate, porque esto va a ser el pan de tus hijos.

GUSTAVO. Menos lobos, cantautor.

DAVID. Que sí, hombre, que sí... ¿Cómo era esto? *(Toca).* ¿Cómo era lo que habías dicho antes? Que el hechizo se va, se pierde...

GUSTAVO. Se rompe.

DAVID. Se rompe. *(Canta).* El hechizo se romperá. / Se romperá mientras bailamos...

GUSTAVO. Suena bien.

DAVID. Apúntalo.

GUSTAVO. *(Busca entre sus bolsillos y saca papel y lápiz).* El hechizo... se romperá...

DAVID. *(Canta).* Se romperá mientras bailamos... ¿cómo sigue?

GUSTAVO. Mientras fuera arde la noche...

DAVID. Me gusta. *(Canta).* Ahí fuera arde la noche. Aquí dentro...

GUSTAVO. Aquí dentro nos agarramos... no, eso es obvio.

DAVID. *(Canta)* ... aquí dentro nos sudan las manos.

GUSTAVO. ¿Qué?

DAVID. Es bonito, ¿no?

GUSTAVO. Te estarán sudando a ti.

DAVID. Un poco, sí...

GUSTAVO. Nos tiemblan las manos, mejor. ¿Te parece?

DAVID. Me parece. A ver todo junto...

GUSTAVO. *(Revisando).* Espera, espera. No encaja.

DAVID. ¿Cómo no va a encajar?

GUSTAVO. Por la métrica, mira.

DAVID. No me vengas con la métrica, que estamos trabajando.

GUSTAVO. Que sí, hombre. "El hechizo se romperá" son ocho sílabas y una más por terminar aguda: nueve. El segundo verso también son nueve sílabas, hasta ahí bien. Pero "ahí fuera arde la noche" son... vale, aquí hay un hiato... ocho.

DAVID. ¿Y?

GUSTAVO. Y luego ,"aquí dentro nos tiemblan las manos", son diez. Esto no encaja.

DAVID. Que sí, hombre, que sí. Deja de contar y pon oído *(Canta todo junto).* ¿Qué tal?

GUSTAVO. Suena guay.

DAVID. Segunda estrofa.

GUSTAVO. Vale. Vamos a meter tensión a la cosa. ¿Qué tal... la tierra tiembla a nuestros pies?

DAVID. ¿Tiembla otra vez? Se repite...

GUSTAVO. Es verdad. Entonces... la tierra se abre a nuestros pies.

DAVID. Pero... *(Canta).* pero nada puede pararnos.

GUSTAVO. Y... el tiempo se acaba... eh... no. *(Canta)*. El alba llama a tu ventana.

DAVID. *(Sigue cantando)*. Cógete fuerte de mis brazos... sí, más o menos, algo así.

GUSTAVO. Guay...

DAVID. Y ahora el estribillo.

GUSTAVO. Espera, hombre.

DAVID. ¿Qué pasa?

GUSTAVO. Que de verdad, Luz...

DAVID. Ahora no, hermano, que tenemos la inspiración calentita.

GUSTAVO. Te está esperando.

DAVID. Pues que espere.

GUSTAVO. No, David. Eso no está bien. Seguimos mañana.

DAVID. *(Canta)*. Y que nos espere la luz / nos espere la luz o... nos...

GUSTAVO. Nos abrase.

DAVID. *(Sigue cantando)* ... o nos abrase / y arrastre con ella.

GUSTAVO. Que ardan los cuerpos.

DAVID. Se arrugue el tiempo.

GUSTAVO. Y estallen todas las estrellas.

Terminan de anotarlo y lo leen juntos en silencio.

GUSTAVO. Ha quedado guay, ¿no?

DAVID. El pan de tus hijos, hermano.

GUSTAVO. De aquí a Eurovisión.

DAVID. ¡Qué glamour! A ver cómo suena todo junto...

DAVID *se dispone a arañar las cuerdas cuando entra* SAMUEL *a paso lento. Se queda en la entrada del salón, como si una fuerza invisible le impidiera atravesar el umbral. Está pálido como un espectro.*

Escena VII

SAMUEL. Yo...
GUSTAVO. ¿Qué pasa?
SAMUEL. Yo...

SAMUEL *cae de rodillas.*

DAVID. Hostia.
GUSTAVO. Samu, ¿qué te pasa?
SAMUEL. Me he mareado...
DAVID. No está aquí.
SAMUEL. Sí, sí que estoy...
DAVID. A la ducha, rápido.

GUSTAVO *y* DAVID *cargan a* SAMUEL *sobre sus hombros y salen de escena. Les escuchamos trastear.*

SAMUEL. *(Desde fuera).* ¡Espera, espera!

De nuevo, el rugido. Todos hablan desde fuera de la escena.

GUSTAVO. Joder...
SAMUEL. Ya... ya.
DAVID. ¿Te has manchado?
GUSTAVO. No es nada. Vamos.

Escuchamos el agua que cae y purifica. Al rato vuelven los tres amigos a escena: SAMUEL *con el pelo mojado y* DAVID *secándolo como mejor puede con una toalla.*

SAMUEL. ¡Bea!
GUSTAVO. ¿Qué dice ahora?
DAVID. Venga, al sofá.

SAMUEL. ¡Beaaaaa!

GUSTAVO *y* DAVID *dejan como pueden a* SAMUEL *sobre el sofá.*

SAMUEL. ¡Beaaaa!
GUSTAVO. ¿Qué pasa con Bea?
SAMUEL. Decidle... que venga...
GUSTAVO. ¿Qué dices, Samuel?
DAVID. No vamos a llamar a Bea ahora, hermano. Son las tres... las cuatro de la mañana.
SAMUEL. Esta ahí... ¡Beaaaa!
GUSTAVO. ¿Qué?
SAMUEL. ¡Beaaaaaa!
DAVID. ¿Qué dices?
SAMUEL. Bea está ahí.
GUSTAVO. ¿Dónde?
SAMUEL. En la habitación.

GUSTAVO *y* DAVID *se miran.*

GUSTAVO. Está delirando.
DAVID. Bea no está aquí, Samu.
SAMUEL. Sí, está ahí...
DAVID. No. Estará en su casa. Aquí no está.
SAMUEL. Está ahí, sé que está ahí...
GUSTAVO. ¿Qué hacemos con él?
DAVID. Ya ha echado todo lo que podía echar, así que...
SAMUEL. ¡Beaaaaa!
DAVID. ... calmarlo y que descanse.
SAMUEL. Bea, ¿por qué no vienes?
GUSTAVO. No está aquí, de verdad.
SAMUEL. Decidle que venga, que la necesito.
GUSTAVO. No puede venir porque no está aquí.
SAMUEL. ¿Entonces quién está en la habitación ? ¡Beaaaaaaaaaa!

DAVID. Es Luz, Sami.

GUSTAVO. Luz, y la vas a despertar si sigues pegando gritos.

SAMUEL. Luz... y Bea... ¿dónde...?

GUSTAVO. Samuel, Bea te ha escrito antes.

SAMUEL. ¿Me ha escrito?

GUSTAVO. Sí. No está, pero te ha escrito.

SAMUEL. ¿Y qué dice?

GUSTAVO. No te va a gustar.

SAMUEL. ¿Por qué? ¿qué dice? ¿qué dice Bea?

GUSTAVO *recupera el móvil de* SAMUEL, *abandonado sobre la mesa. Se lo va a dar, pero rectifica a tiempo y se lo entrega a* DAVID.

DAVID. *(Lee).* "Lo siento".

SAMUEL. ¿Qué... eso ha dicho?

GUSTAVO. Eso ha dicho.

SAMUEL. ¿Nada más?

GUSTAVO. Nada más.

SAMUEL. ¿Qué siente?

GUSTAVO. No lo sé. Puede que no lo sepa ni ella.

SAMUEL. ...

DAVID. Ahora vamos a descansar, Sami. Se nos ha hecho muy tarde, así que vamos a dormir.

SAMUEL. Sí, a descansar...

DAVID. ¿Estás mejor?

SAMUEL. Sí... pero me da vueltas todo.

GUSTAVO. Ahora se te pasa.

SAMUEL. No me dejéis solo.

GUSTAVO. Yo me quedo contigo.

DAVID. Eso, Gus se queda. No estás solo. Tranquilo.

SAMUEL. Vale...

DAVID. Yo estoy aquí al lado. Si pasa algo me avisas, me avisáis.

SAMUEL. Sí...

GUSTAVO. Descuida.

DAVID. Buenas noches, Sami.
SAMUEL. Buenas noches.
DAVID. Que descanséis.

DAVID *sale y los deja solos.* GUSTAVO *apaga la luz, de forma que sólo queda la lumbre de las velas aún encendidas sobre la mesa. Se sienta junto a* SAMUEL *y éste se acomoda para colocar la cabeza sobre su regazo.* GUSTAVO *sopla las velas y se quedan los dos a oscuras.*

SAMUEL. *(Adormilado, se revuelve).* Bea...
GUSTAVO. Bea no va a venir, Samuel.
SAMUEL. ...
GUSTAVO. Tranquilo. Respira. Solo respira.

SAMUEL *se calma. Al rato lo escuchamos roncar.* GUSTAVO *permanece en silencio y a oscuras.*

Acto III

Escena VIII

Pasa el tiempo. Unos pocos minutos, aunque parezcan una eternidad.

GUSTAVO. *(Al público).* Duerme tranquilo, como los angelitos. Ahora todo es calma. La noche calla, si acaso murmura. Las llamas que le devoraban por dentro han cedido. Han dejado poso, cenizas. La boca me sabe a ceniza, sí. Es horrible, ¿verdad? El sabor rancio a borrachera. Se te queda cogido en la garganta... pero no importa. Nada suena ya en la noche. Se ha quedado plácida y nos mira serena, como el fondo de un lago oscuro. Adormilada, como un gato que se deshace en ronroneos. Nos aguarda e invita, como si estuviera a punto de dejarse caer sobre nosotros y taparnos con su manto sin estrellas. Esta noche nos cubre y no ahoga. Nos abraza. Nos acaricia en silencio. Se sabe nuestros nombres y nos los susurra al oído. Nos arropa y calienta, porque algo queda de ese calor. Algo queda. De ese calor que permanece. El rastro que deja una noche de fuego. *(Contempla el rostro de* SAMUEL*).* Parece un ángel. Un ángel de la guarda, uno dormido. Me gusta ese concepto. Los ángeles de la guarda, esos seres que te siguen sin que puedas verlos. Te acompañan, te protegen, te dan la mano cuando estás perdido en la inmensidad del mundo. Es cuestión de creer o no creer, claro, porque después te estrellas con el coche y no hay ángel que te salve, pero me gusta la idea de tener un compañero secreto. Así me sentí esa noche con Samuel. La última noche que habría puesto la mano en el fuego para jurar que éramos amigos. No sabía que esto iba a ser lo más parecido a una despedida. Solo lo veía dormir. Me dejaba mecer por el ritmo de su respiración. Esta paz. Esta calma. Así deben sentirse los ángeles de la guarda.

Entra DAVID.

DAVID. ¿Cómo está?
GUSTAVO. Bien. Duerme.
DAVID. Eso está bien... Nosotros nos vamos a ir marchando, está amaneciendo.

Pese a lo dicho, DAVID *se sienta con ellos y apura una colilla.*

GUSTAVO. Al final ha sido una noche memorable.
DAVID. De las que no se olvidan. Hard day's night...
GUSTAVO. Sí.
DAVID. Se ha ganado el puesto en nuestra memoria. Uno de los grandes hitos de nuestra amistad.
GUSTAVO. Sí...

LUZ *se asoma y* DAVID *se pone en pie.*

DAVID. Venga, nos vamos. Nos vemos el lunes.
GUSTAVO. Nos vemos.
LUZ. Ciao.

Salen DAVID *y* LUZ.

GUSTAVO. Ciao... *(Al público).* Un hito en la historia de nuestra amistad, lo fue. La última vez que coincidimos los cuatro. Mucho después, Luz intentó reunirnos de nuevo. Se cumplían diez años desde que nos conocimos en la facultad. Entonces me parecía mucho tiempo, pero ahora que lo pienso no es tanto. Diez años... Un buen motivo para volver a verse. A mí me llamó el primero. Ella y yo éramos los más cercanos y nos veíamos de

cuando en cuando. Me pidió que hablara con los demás pero...
Lo peor de todo es que yo ya lo sabía. Privilegios de haber visto
el futuro.

Deja con cuidado a SAMUEL *para que siga durmiendo sobre el
sofá y empieza a recoger sus cosas.*

GUSTAVO. El primero en alejarse fue Samuel. Ya lo he contado: tras esa noche, evitó volver a salir con nosotros. No sé qué le pasó. Supongo que reflexionó mucho después de esto. Puede que sus padres le dijeran algo. Creo que se echó una novia... sí, fue eso. Conoció a otra gente, otros mundos. Supongo que se sintió mejor con esas compañías, no puedo saberlo. Tres años después rompió la pareja. La dejó David, de la noche a la mañana y sin una explicación. Necesitaba tiempo, necesitaba distancia, necesitaba otra cosa. Ella me llamó muy nerviosa. Recogimos sus cosas del piso y se fue a casa de uno de sus hermanos. David, ya lo saben, siguió con lo suyo, la música. Al final terminó la carrera, pero para guardar el título en un cajón. Un día... un día le pregunté y me contó lo que pasó: a los tres años se agobió, pensó que el siguiente paso natural era casarse con ella y tener chiquillos. Los mismos que había imaginado en aquella visión de su futuro. Y decidió romper. Huir, más bien. A Luz, por cierto, le fue muy bien después de aquello. Conoció a otra persona y tan feliz. Terminó la carrera y trabaja de lo suyo: es una periodista estupenda. La mejor de todos nosotros. Tiene planes de futuro y los van poniendo en marcha poco a poco. En eso está... Cuando le hablé a David de la reunión por los diez años se lo tomó a coña y me dejó claro que no estaba interesado. Samuel ni siquiera respondió a mis mensajes. No hubo reencuentro. Yo ya lo sabía, porque mientras me ahogaba en el humo de la pipa lo había visto. Ésa había sido mi visión: cada uno por nuestro lado, cada vez más alejados, arrastrados por la corriente.

EPÍLOGO

GUSTAVO, *preparado para marcharse.*

GUSTAVO. Las noches como ésta solía ver el amanecer como una derrota. Nunca he entendido esa idealización del alba. Porque el alba en verdad es traicionera. Llega furtiva y se apodera de todo. Los insomnes nos vemos obligados a retroceder, a buscar las sombras para dormir lo que no dormimos durante esa noche perdida y bla, bla, bla... Todas esas habladurías de poeta. Así pensaba yo entonces y así ocurrió también aquella mañana. Arropé a Samuel y lo dejé en el sofá. Le esperaba una buena resaca; afortunadamente, solo eso. Le cogí prestada sin permiso la ducha, me vestí con la misma ropa y salí a la calle. Ahí fuera seguía el mundo. Me di cuenta de que había seguido girando como si nada. Seguía y seguiría girando con o sin nosotros. Si aquella noche había sido diferente para alguien, nadie lo sabría. Si habíamos logrado algún tipo de hechizo, poco importaba que se hubiera roto. Samuel derrotado en su sofá, el sabor a ceniza, la muesca dentro de mí, poco importaban. La muesca, solo una muesca, se perdería con el paso de los años. Lo importante, creo ahora, es que no morimos esa noche. Ni siquiera estuvimos cerca. O tal vez sí. Tal vez morimos un poco, solo un poco: lo justo y necesario. Y algo aprendimos. Yo al menos, creo que lo hice.

OSCURO

LA TRIGONOMETRÍA DEL CRIMEN

José Luis Ordóñez

PERSONAJES

JULIA DE WINTER. Agente de la ley. Vestida con seriedad y rigor. Muy profesional. De amplia experiencia.

EDWARD POOR. Escritor. Un poco descuidado en su aspecto. Ropas informales. Aire de despistado.

EL DUQUE (James Wildshire). Muy elegante, propio de su condición. Afable y divertido. Parece que la felicidad sea su *leitmotiv*.

SINOPSIS

El cumpleaños del Duque de Wildshire no ha salido como él planeaba; de hecho, ha terminado muerto sobre una alfombra persa y con una daga clavada en la espalda. La inspectora Julia de Winter llega a su mansión y, después de interrogar a los invitados junto a su equipo, concluye que hay tres sospechosos de haber cometido el crimen. Sin embargo, antes de abandonar la mansión, de Winter tiene ocasión de hablar con el escritor Edward Poor, otro de los invitados al cumpleaños de Wildshire, algo que hará que cambie por completo el curso de su investigación.

FASE 0

Se abre el telón. Estamos en un salón elegante, cálido, con estanterías llenas de libros, cuadros, chimenea, un gran sofá, sillas, algunas mesas bajas, un reloj de pie y una alfombra persa en primer término. En escena, el DUQUE*, muy elegante y distinguido.*

DUQUE. Señoras, señores, buenas noches. Permitan... permitan que me presente: soy el Duque de Wildshire. Esta es mi modesta mansión, y este, mi salón. Acogedor, ¿no les parece? Chimenea, cuadros, libros, sofá... Nada como sentarse ahí a leer una buena novela, en silencio, sin ruidos, sin alboroto, sin distracciones. Un sitio que, sin duda, voy a echar de menos. Mucho, sí señor. ¿Y por qué lo voy a echar de menos? Pues porque...

El DUQUE *se da la vuelta y vemos que tiene una daga en la espalda, hundida hasta la empuñadura.*

DUQUE. Me han asesinado. Sí, como suena. Y como ven. ¿Qué quieren que les diga? Además de la escasa educación que implica cometer un acto de tal magnitud, es de indudable mal gusto hacérselo al mismísimo anfitrión de esta casa. Y, aún más, en mi propia fiesta de cumpleaños. ¡Yo, el duque de Wildshire, asesinado! Intolerable, sin duda... pero, por mucho que me pese, ya irremediable. ¿Saben? Un amigo me dijo una vez que la muerte, como la vida, es una mujer con mucha personalidad: no acepta negativas.

Rayos y truenos.

DUQUE. Sin embargo, tengo una misión para ustedes. Sí, sí, para ustedes *(Al público)*. Por fortuna para mí, la gran detective Julia de Winter ha reducido el grupo de sospechosos a tres...

tres personas de las que ahora, en breve, sabremos más. Pero, además de contar con una gran profesional como la señora de Winter, desearía contar con su intuición, la de todos y cada uno de ustedes *(de nuevo, al público)*, porque, al final, a más ojos y más oídos, mayores posibilidades de resolución a este... inesperado enigma. ¿Acaso hay algo más incómodo y molesto que desconocer quién te ha asesinado?

Escuchamos ruido de voces y pasos.

DUQUE. ¿Escuchan? Ya se acercan. Así que yo vuelvo a mi posición natural. O antinatural. Y, por anticipado, *(al público una vez más)* muchas gracias.

El DUQUE *se coloca boca abajo en el suelo, en un espacio marcado con tiza, de manera que encaja perfectamente, y también vemos con claridad su daga clavada en la espalda.*

EDWARD POOR *entra en escena hablando. Lleva gafas y va despeinado. Y, justo a continuación,* JULIA DE WINTER.

EDWARD. Y... por cierto, dígame, ¿tendrá hora?
DE WINTER. Es usted una persona extraña, señor Poor.
EDWARD. ¿Por qué lo dice, señora De Winter?
DE WINTER. No se moleste: mejor "extraña" que "muerta".

Ambos se fijan en el cadáver del DUQUE.

EDWARD. Lo echaremos de menos.
DE WINTER. La hora, señor Poor. ¿Qué persona en el siglo XXI aún pregunta por la hora?
EDWARD. Aquella que quiere saberla.
DE WINTER. ¿Acaso no tiene reloj?
EDWARD. Hace mucho que no.

DE WINTER. ¿Y teléfono móvil?

EDWARD. Sin batería.

DE WINTER. Pero, sin duda, tendrá usted ojos, señor Poor. Ya sabe, estas dos bolas esféricas que tenemos sobre la nariz y que son nuestras ventanas al mundo.

EDWARD. ¡Ah, sí! Gracias. No había reparado en ese hermoso reloj de pie. Nada como unas buenas ventanas... aunque sean algo miopes, como las mías.

DE WINTER. Tome asiento, por favor. Y le rogaría, ante todo, discreción.

EDWARD. Cómo no, por supuesto.

EDWARD *se sienta en el sofá, mientras ella permanece de pie y le explica.*

DE WINTER. Verá, hemos llegado a una conclusión: hay tres personas sospechosas de cometer este crimen.

EDWARD. Entiendo.

DE WINTER. Cualquiera de ellas podría haberlo hecho. Cada una tiene sus motivos. Pero, y por eso está usted aquí ahora conmigo, me gustaría conocer su... punto de vista. Ustedes los escritores son especiales. Tienen, cómo decirlo...

EDWARD. ¿Deudas?

DE WINTER. Una sensibilidad especial.

EDWARD. También.

DE WINTER. Verá, usted ya me ha indicado su relación con la víctima.

EDWARD. Una relación profesional.

DE WINTER. Eso es, profesional... porque, recuérdeme, ¿le había pedido que escribiese su biografía?

EDWARD. Sí, estábamos negociando.

DE WINTER. Negociando. ¿Y andaban cerca del acuerdo?

EDWARD. De la indigestión. Solíamos quedar para comer y él me iba contando cosas de su vida... su pasado, su presente... hasta su futuro. Pero nunca me contó que iba a acabar así. Eso no.

DE WINTER. ¿Quedaban a menudo?

EDWARD. Hasta el punto de conocer todos los restaurantes de la ciudad.

DE WINTER. Y siempre pagaba por él.

EDWARD. Por supuesto. Eran almuerzos de trabajo, señora de Winter. Él quería mis servicios.

DE WINTER. Entiendo. ¿Y cómo... cómo lo llevaba usted?

EDWARD. Con dignidad.

DE WINTER. ¿Con dignidad? ¿Qué quiere decir?

EDWARD. Quiero decir que... no era el trabajo ideal para mis ambiciones artísticas. Yo soy un novelista. Busco siempre la mejor historia y el mejor estilo para contar esa misma historia. El qué y el cómo, señora de Winter. Soy de los que busca el adjetivo perfecto, la frase más adecuada, el...

DE WINTER. *(Interrumpe).* Así que es usted un escritor lento.

EDWARD. Lento pero seguro. El arte carece de velocímetro.

DE WINTER. Y, digo yo, si le preocupa tanto el arte, ¿qué hacía escribiendo la biografía del duque de Wildshire?

EDWARD. Pagar las facturas, señora de Winter. Esa era mi intención.

DE WINTER. Y comer, por lo que usted me cuenta.

EDWARD. Si no comemos, morimos.

DE WINTER. Y para muerte, ya tenemos aquí al señor Wildshire.

De nuevo, ambos se quedan mirando el cadáver.

EDWARD. Uno piensa que nunca podría suceder, ¿verdad?

DE WINTER. ¿A qué se refiere?

EDWARD. A que hay gente con tal energía que parece imposible que les pase nada malo. Y, sin embargo, fíjese, ahí está el pobre James, sobre la alfombra persa y con una daga en la espalda. La vida nos recuerda que todos corremos hacia la línea de meta.

DE WINTER. ¿En qué situación le deja esto, señor Poor?

EDWARD. Si le digo la verdad, supongo que... como siempre.

DE WINTER. ¿Decepcionado?

EDWARD. Pobre.

DE WINTER. Claro.

EDWARD. Oscuro, diría yo.

DE WINTER. ¿No tenían un pre contrato o algo similar?

EDWARD. Los pobres raramente firmamos un contrato. Imagínese hablar de pre contrato. Pero de qué me habla... ¡Ciencia ficción! ¡Fantasía heroica!

DE WINTER. Sin embargo, hay algo que no termino de comprender, señor Poor.

EDWARD. Es natural, yo apenas... comprendo ya nada.

DE WINTER. ¿Por qué el señor Wildshire querría contratar los servicios de un escritor como usted?

EDWARD. ¿Como yo?

DE WINTER. Sí, como usted.

EDWARD. *(Decepcionado)*. Ah. Ya veo.

DE WINTER. ¿Qué ve?

EDWARD. Por dónde va.

DE WINTER. ¿En serio?

EDWARD. Soy miope, pero lo veo, sí, y no me gusta. No me gusta nada.

DE WINTER. No me malinterprete, señor Poor.

EDWARD. No hay nada que interpretar. Ha sido bastante clara... clara y oscura a un mismo tiempo.

DE WINTER. Mi oficio me lo exige.

EDWARD. Claro, claro.

DE WINTER. Y mi oficio también exige respuestas.

EDWARD. ¿No exige mucho su oficio? Igual... igual tendría que dejarla respirar un poquito más y no presionarla tanto. Por lo de exigir, digo. Que, a ver, no es que me parezca mal el fondo de la cuestión, que respuestas queremos todos.

DE WINTER. Como la que usted aún no me ha dado.

EDWARD. ¿Y cuál era la pregunta?

DE WINTER. ¿Por qué Wildshire querría...

EDWARD. *(Interrumpiéndola para concluir la pregunta).* ¡Ah, ya! ¿Por qué querría... contratar mis servicios?

EDWARD *se levanta del sofá y se acerca al cuerpo del* DUQUE, *mientras que* DE WINTER *continúa de pie en el salón, pero alejada de ambos.*

EDWARD. *(Al duque).* James, ruego me disculpes si perturbo... tu paz eterna, pero la señora de Winter, aquí presente, desea saber por qué motivo contrataste mis servicios *(Pausa)*. O, mejor dicho, por qué tenías la intención de contratarlos. *(Pausa, como si escuchara algo).* ¿Cómo dices? *(Otra pausa).* ¡Ah, entiendo! *(Ahora, a de* WINTER*).* Estimada señora, el duque dice que le está prohibido romper la barrera que separa a muertos de vivos, así que, sintiéndolo mucho, no podrá responder a su pregunta.

DE WINTER. No le he preguntado a él. Le he preguntado a usted.

EDWARD. ¡Éramos amigos, maldita sea!

DE WINTER. ¿Amigos?

EDWARD. ¿Sabe lo que es eso? A lo mejor su oficio no se lo permite. Pero debería saber una cosa: los amigos se hacen favores, se ayudan.

DE WINTER. Ustedes no proceden de los mismos círculos.

EDWARD. ¿Perdón?

DE WINTER. Que no pertenecen a los mismos círculos. O pertenecían.

EDWARD. La intersección, señora de Winter.

DE WINTER. ¿Qué intersección, de qué me habla?

EDWARD. La intersección de círculos. ¿No sabe lo que es?

DE WINTER. ¿Y qué importa eso ahora? Limítese a...

EDWARD. *(Interrumpiendo).* Entiendo.

DE WINTER. ¡¿Qué?!

EDWARD. Entiendo que es usted una mujer de poca imaginación.

DE WINTER. Ah, no, no, no... Ahí se equivoca.

EDWARD. Pero no pasa nada.

DE WINTER. Digo que se equivoca.

EDWARD. ¿Me equivoco?

DE WINTER. De principio a fin.

EDWARD. Como en las buenas historias.

DE WINTER. ¿Las buenas historias se equivocan?

EDWARD. Producen equívocos; también las malas, de hecho.

DE WINTER. ¡Ah, pare ya, señor Poor! Y no diga eso.

EDWARD. Que no diga qué.

DE WINTER. Que no tengo... imaginación. También es importante en mi oficio.

EDWARD. ¡Ah, su oficio, claro, cómo no! Llevábamos tiempo sin hablar de él. Su oficio y sus exigencias.

DE WINTER. No se burle, señor Poor.

EDWARD. Pues si tiene imaginación no sé por qué le cuesta tanto imaginar la intersección, el lugar donde James y yo hayamos podido coincidir.

DE WINTER. No me interesa lo que yo pueda imaginar. Me interesa su respuesta.

EDWARD. Quiere mi respuesta.

DE WINTER. Quiero la respuesta de un escritor. Ya le he dicho que... su inventiva podría alumbrar alguna idea para discernir entre los tres sospechosos principales.

EDWARD. Así que... tiene usted interés en mí.

DE WINTER. Eso es.

EDWARD. En otro contexto, podría hasta sonar romántico.

DE WINTER. En otro contexto, podría arrestarlo.

EDWARD. Mire, es horrible que hayan matado a James. Se llevaba bien con todo el mundo. Es... ¡absurdo!

DE WINTER. ¿Cómo lo conoció?

EDWARD. Como se conocen los amigos improbables: una noche, tras un evento literario, en un reservado para personalidades y celebrities relacionadas con la cultura. Hace un par de años.

DE WINTER. ¿Se hicieron amigos?

EDWARD. Eso es lo más raro de todo... pero sí.

DE WINTER. ¿Encontraron temas en común aquella noche?

EDWARD. Supongo... pero no le podría precisar. Hablaríamos de libros, de cine, de música... A James le encantaba la música. En vinilos, por supuesto. No... no soportaba la música digital o el Spotify. Consideraba que eran instrumentos del diablo para profanar el verdadero canto de los dioses: el chisporroteo sublime de la aguja sobre el disco... lo que comparaba a menudo con el verde de la naturaleza, el agua cristalina de los ríos o el aire puro de la montaña.

DE WINTER. ¿Cuándo hablaron por última vez?

EDWARD. Recientemente.

DE WINTER. ¿Para su biografía?

EDWARD. Eso es.

DE WINTER. ¿Sabe usted si tenía enemigos?

EDWARD. ¿Me ha escuchado antes?

DE WINTER. Le escucho con suma atención, señor Poor.

EDWARD. James se llevaba bien con todo el mundo.

DE WINTER. ¿Y cómo explica esto?

Ambos contemplan el cadáver del DUQUE JAMES WILDSHIRE, *sobre la alfombra persa, con la daga hundida en la espalda.*

DE WINTER, *enérgica, se acerca, dispuesta a explicarle algo.*

DE WINTER. Tenemos tres sospechosos: Gene Oldman, jubilado; Laura Cured, doctora; y Lawrence Learning, profesor de secundaria.

EDWARD. Menudo trío.

DE WINTER. Oldman, Cured y Learning.

EDWARD. Curioso.

DE WINTER. ¿Le disgusta?

EDWARD. Me sorprende.

DE WINTER. ¿Por?

EDWARD. Porque no parece el típico trío de asesinos despiadados. Puestos a elegir sospechosos, mejor alguien de la política, la banca y Hacienda.

DE WINTER. ¿Más amenazantes?

EDWARD. Caen peor, sobre todo.

DE WINTER. Sí, caen peor, pero ¿qué me dice del elemento sorpresa? ¿Acaso no es una característica fundamental no levantar sospechas en un caso criminal? Los tres sospechosos son ideales para pasar desapercibidos: el entrañable ancianito, la amable doctora y el profesor comprometido y generoso.

EDWARD. Pero entonces, ¿por qué son sospechosos?

DE WINTER. ¡Por eso, precisamente! ¿No lo ve?

EDWARD. Soy miope, recuerde.

DE WINTER. Sé que esconden algo. Usted, bajo su prisma de escritor, de elegir un culpable, ¿por cuál se inclinaría?

EDWARD *se queda pensativo.*

EDWARD. Necesitaría más datos para...

DE WINTER. *(Interrumpiendo).* ¡Necesito su intuición!

Hay un breve silencio entre ambos.

EDWARD. En ese caso, me decido... por la doctora.

DE WINTER. Explíquese.

EDWARD. Los doctores tienen las mejores herramientas para curar... pero también las mejores para matar.

DE WINTER. Ya.

EDWARD. Y no hay ninguna misoginia en mi teoría: es, simplemente, su oficio, que sin duda es el más apto para cometer el crimen... y después borrar las posibles huellas.

DE WINTER. ¿Y qué me dice del profesor?

EDWARD. No lo veo.

DE WINTER. ¿Miopía de nuevo?

EDWARD. En absoluto. En este caso lo veo mucho menos factible.

DE WINTER. Entiendo.

EDWARD. Sin embargo, si usted me preguntara por el suicidio, el profesor ganaría de calle... pero para asesinar, como le digo, me inclino por la doctora.

DE WINTER. ¿Y por qué demonios se iba a suicidar un profesor?

EDWARD. ¿Y por qué no?

DE WINTER. Me pierdo, señor Poor.

EDWARD. Es muy sencillo. Dar clase, impartirla, instruir a grupo amplio y heterogéneo de chavales es una tarea ingrata, dura, poco reconocida y, por supuesto, mal pagada. ¿Quiere más motivos?

DE WINTER. ¿Y qué hay del entrañable ancianito?

EDWARD *saca un paquete de cigarrillos.*

EDWARD. ¿Le importa?

DE WINTER. Solo si no tiene para mí.

EDWARD *parece sorprendido, le ofrece un cigarrillo, después se lleva el suyo a la boca, acerca el mechero al de ella y después a su propio pitillo. Ambos empiezan a fumar, aunque en realidad los cigarrillos permanecen apagados.*

EDWARD. Lo del entrañable ancianito siempre es un caso... problemático.

DE WINTER. Explíquese.

EDWARD. El ancianito suele tener conocimiento e información. Es lo que dan los años. Pero carece de fuerza.

DE WINTER. ¿La fuerza que podría tener un profesor?

EDWARD. Que combinada con la habilidad de una doctora, nos da una combinación de lo más productiva. O, mejor dicho, letal.

DE WINTER. Así que usted sugiere... *(Deja la frase inacabada, pensando)*.

EDWARD. La trigonometría del crimen.

Ambos se llevan a la boca esos cigarrillos apagados, en extremos opuestos del salón, con el cadáver del DUQUE *a medio camino entre ambos.*

EDWARD. Yo la defino como el estudio de las relaciones entre los tres elementos principales que provocan un delito.

DE WINTER. La trigonometría del crimen, dice.

EDWARD. Eso es.

DE WINTER. ¿Y esto... esto se le ha ocurrido a usted?

EDWARD. Los elementos que componen el crimen forman relaciones entre sí, relaciones que, de tener un objetivo común, pueden ser peligrosas.

DE WINTER *se acerca al cadáver del* DUQUE. *Lo mira. Y después mira a* EDWARD.

EDWARD. Bingo.

DE WINTER *asiente como si, al mismo tiempo, tratase de unir los puntos imaginarios que unieran un mapa mental.*

EDWARD. Ahora es cuestión de que usted averigüe qué podrían tener estos tres sospechosos contra el pobre James.

DE WINTER. Eso es fácil.

EDWARD. ¿Usted cree?

DE WINTER. Siempre hay algo contra alguien.

EDWARD. ¿Es un dicho?

DE WINTER. Una ley universal. Solo hay que escarbar lo suficiente.

EDWARD. Si usted lo dice...

DE WINTER. Gene Oldman, Laura Cured y Lawrence Learning.

EDWARD. Un jubilado, una doctora y un profesor. ¿Francamente? No lo veo.

DE WINTER. ¿Su miopía otra vez?

EDWARD. No, no es mi miopía, es mi sentido común.

DE WINTER. *(Con cierta ironía).* ¿Se refiere al menos común de los sentidos?

EDWARD. Podría imaginarlo, si eso es lo que usted quiere, y dibujar una escena con los tres confabulados para matar al duque de Wildshire. Pero, ¿sinceramente? No se atiene a una mínima lógica.

DE WINTER. ¿Está seguro?

EDWARD. Señora de Winter, hasta yo podría tener más motivos que ellos para cometer este crimen.

Silencio.

DE WINTER. *(Muy interesada en esa afirmación).* ¿No me diga? ¿En serio lo piensa así? Pues, oiga, ¿sabe? Tengo muchas ganas de escuchar todo lo que tenga que decirme.

FASE 1

DE WINTER, *ahora con ojos entre sorprendidos y sospechosos, mira a* EDWARD.

EDWARD. Sí, sí... ¡se lo digo en serio! A ver, por ejemplo... es cierto que yo iba a escribir la biografía de James, y que estábamos negociando, pero al final... al final la cosa se torció.
DE WINTER. ¿Cómo dice?
EDWARD. Hace un par de semanas.

Silencio. EDWARD, *pensativo.* DE WINTER, *expectante.*

DE WINTER. Y... *(Con mucho interés).* ¿qué pasó hace un par de semanas?
EDWARD. Pues... *(Quitándole importancia).* Lo que siempre pasa, algo muy humano, natural, corriente, casi diría que intrascendente por la frecuencia con que sucede: uno cambia de opinión.
DE WINTER. Así que... el señor Wildshire cambió de opinión.
EDWARD. Lo que al principio le parecía divertido, contar sus aventuras de alcoba o sus irreverentes comentarios sobre lo humano y lo divino, dejó de serlo.
DE WINTER. ¿Así? ¿De la noche a la mañana?
EDWARD. Muy humano, lo que yo le decía.
DE WINTER. Se lo toma con bastante... naturalidad.
EDWARD. ¿Preferiría que lo hubiese matado?
DE WINTER. Me ahorraría trabajo ahora, desde luego.
EDWARD. Ahorrar es bueno, pero me temo que no le voy a ahorrar nada.
DE WINTER. ¿Y cómo se lo tomó usted? ¿Ese cambio tan... humano?
EDWARD. Pues... como lo que fue: una derrota.

DE WINTER. ¿Y le dolió?

EDWARD. ¿A un escritor? Querida señora de Winter, la derrota para un escritor es como el café de cada mañana.

DE WINTER. ¿Oscuro?

EDWARD. Monótono.

DE WINTER. Verá, entiendo lo que dice de "cambiar de opinión". Pero, aun así, ¿alguna idea más concreta de por qué decidió hacerlo?

EDWARD *esquiva la mirada. No parece demasiado interesado en ese tema.*

DE WINTER. Dicho de otro modo: ¿tiene usted enemigos, señor Poor?

EDWARD *clava sus ojos en ella.*

EDWARD. ¿Enemigos?

DE WINTER. ¿Los tiene?

EDWARD. ¡Espero que sí! ¿No le parecería aburrido no tenerlos? Un enemigo es lo más estimulante a lo que uno puede enfrentarse en su día a día.

DE WINTER. ¿Y quizá alguno de esos "estímulos" ha acudido a esta fiesta de cumpleaños?

EDWARD. No lo creo, aunque uno no siempre sabe la identidad de sus enemigos. Los mejores enemigos permanecen en la sombra, incluso llegan a ser tus amigos. Así se vuelven más fuertes. Y un enemigo fuerte y desconocido se vuelve muy, muy peligroso.

DE WINTER. ¿Desconocido?

EDWARD. O disfrazado.

DE WINTER *parece algo confusa y desea reconducir la conversación.*

DE WINTER. En otro orden de cosas, ¿conocía usted a los tres sospechosos que le he indicado?

EDWARD. Ni los conocía ni creo haberlos visto esta misma noche. Al menos, no me los han presentado. Ha sido una fiesta con muchos invitados... ¡Imagínese cómo recordar todas esas caras! ¡Imposible!

DE WINTER. Pero usted es escritor.

EDWARD. ¿Y?

DE WINTER. Los escritores son observadores, tienen imaginación...

EDWARD. También se dice que somos bichos raros.

DE WINTER. ¿Y no es cierto?

EDWARD. No se crea todo lo que se dice.

DE WINTER. Así que no los recuerda.

EDWARD. No, pero ahora que lo pienso... sé que tengo enemigos, por supuesto. Estoy convencido.

DE WINTER. ¿Por qué esa seguridad ahora?

EDWARD. Porque soy un escritor, señora de Winter, y los escritores dinero no tendremos, pero ¿enemigos?

DE WINTER, *sorprendida.*

DE WINTER. ¿No será otro tópico?

EDWARD. Ah, no... esto es completamente cierto.

DE WINTER. A ver, ¿y quiénes son sus enemigos?

EDWARD. El resto de escritores, por supuesto.

DE WINTER. Esa es una nómina amplia.

EDWARD. Amplia, variada y muchas más cosas.

DE WINTER. ¿Y es suficiente?

EDWARD. ¿La variedad de tipos que se dedican a la escritura?

DE WINTER. El dinero.

EDWARD. ¿El dinero?

DE WINTER. El que gana como escritor. ¿Es suficiente?

EDWARD *contiene la risa, trata de ocultárselo a* DE WINTER.

DE WINTER. Quiero decir, supongo que lo que le quiero preguntar es: ¿Cómo se gana la vida realmente, señor Poor?
EDWARD. La pregunta es errónea.
DE WINTER. ¿Lo es?
EDWARD. Usted me pregunta cómo me gano la vida, pero la verdad es yo no gano nada, solo pierdo, así que la pregunta correcta sería "cómo me pierdo la vida".
DE WINTER. Me... pierde su retórica, señor Poor.
EDWARD. Ha dicho que tenía imaginación.
DE WINTER. Debería patentar lo de "perderse la vida".
EDWARD. No me haga reír.
DE WINTER. ¿Tengo pinta de humorista?
EDWARD. Tiene pinta de muchas cosas.
DE WINTER. No sé cómo tomarme eso.
EDWARD. Tómeselo bien, siempre y en todo momento, que si no la cosa se complica. Y, si se complica, es cuando surgen los enemigos, reales o imaginarios.
DE WINTER. Pues me lo tomo bien y, además, le reformulo la pregunta: ¿Cómo se "pierde" usted la vida, señor Poor?
EDWARD. Pues, mire, hago de todo un poco, trato de que nada se lleve el mérito por hundirme la vida.
DE WINTER. Admirable. Muy ecuánime.
EDWARD. Así soy yo, señora de Winter: ecuánime y admirable.
DE WINTER. Y, sin embargo, aquí estamos. Aparte de la escritura... ¿qué otro oficio ha frecuentado usted, señor Poor?
EDWARD. "Frecuentar" se me antoja quizá algo excesivo, pero he picoteado un poco del mundo de la publicidad, el guion, el cine, la televisión... hasta docente.
DE WINTER. ¿También profesor?
EDWARD. Profesor, maestro, guía, monitor, caballero Jedi... Lo que proceda, señora de Winter, lo que proceda: uno ha de estar preparado para cruzar puentes ardiendo que caen al vacío.

DE WINTER. ¡Puentes ardiendo que caen al vacío! Pero... ¿usted se escucha?

EDWARD. Hasta me leo. Pero lo mejor de mí surge cuando reescribo. O releo.

DE WINTER. Es incorregible. Parece un personaje...

EDWARD. ¿De novela?

DE WINTER. De película.

EDWARD. Espero que buena, por lo menos.

DE WINTER. Por lo que veo, ningún oficio le ha hecho rico, señor Poor.

EDWARD. Ni rico ni medianamente solvente; algo, por otra parte, lógico en un país que trata a la Cultura como si fuera un clásico de la Universal.

DE WINTER. *(Pensativa)*. Me habla de... ¿"Vértigo"?

EDWARD. "El hombre invisible", más bien.

DE WINTER. Y por eso el libro del señor Wildshire era su gran oportunidad.

EDWARD. Pues sí, pero porque, curiosamente, de cultura iba a tener poco; más bien de cotilleo y aventurilla rosa, ya sabe.

DE WINTER. Y, a pesar de todo, usted ha venido a su cumpleaños.

EDWARD. Porque eso es lo que hacen los amigos, señora de Winter, eso es lo que hacen los amigos.

DE WINTER. Ilústreme, ¿qué es lo que hacen?

EDWARD. Para empezar, no matarse; y, después, acudir a sus cumpleaños cuando son invitados.

DE WINTER. Señor Poor, no es momento de bromas.

EDWARD. ¿Y de qué es momento, señora de Winter? Aunque mi amigo sea el muerto, yo soy el que está en el hoyo.

DE WINTER. ¿Y sus bromas le van a sacar del hoyo?

EDWARD. Cada broma, un impulso.

DE WINTER. Pues mire dónde nos vemos ahora todos a pesar de esos impulsos.

EDWARD *sigue jugueteando con su cigarrillo.*

EDWARD. Es triste que esto haya sucedido. Estoy seguro de que James hubiera vuelto a cambiar de opinión.

DE WINTER. ¿Respecto a su biografía?

EDWARD. Y respecto a casi cualquier cosa. Así era James. Así somos todos.

De repente, EDWARD *y* DE WINTER *se quedan paralizados.*

Y el DUQUE *se levanta.*

DUQUE. ¿Y acaso no es maravilloso cambiar de opinión? ¿Saben ustedes quién no cambia de opinión? Una máquina. Sí, sí, como lo oyen. Y nosotros ¿queremos ser máquinas? No, lo que queremos, lo que siempre hemos querido y querremos, es hacer todo lo que no hacen las máquinas: equivocarnos, errar, confundirnos, tomarnos un bocadillo de calamares... o un pincho de tortilla. Cambiar de opinión, vaya.

El DUQUE *se acerca hasta el límite del escenario.*

DUQUE. ¿Están tomando nota? ¿Se han decidido ya por alguno de los tres sospechosos? Recuerden: Gene Oldman, jubilado; Laura Cured, doctora; y Lawrence Learning, profesor de secundaria. Al parecer, uno de los tres es responsable de que yo tenga ahora esta pinta... (señalando la mancha de sangre en su ropa) tan lamentable. ¡En mi propio cumpleaños! ¡En mi propia casa! Julia de Winter seguro que ya ha hecho su elección, pero... ¿y ustedes?

El DUQUE *vuelve a su posición.*

FASE 2

DE WINTER *contempla su cigarrillo.*

DE WINTER. Es un buen cigarrillo.
EDWARD. Tanto como una noche de luna llena.
DE WINTER. ¿La noche de luna llena es buena?
EDWARD. Tanto como un cigarrillo.
DE WINTER. Por favor, no empiece.
EDWARD. El eterno atractivo de las cosas inútiles, ¿no le parece?
DE WINTER. ¿Se refiere al cigarrillo?
EDWARD. No tiene ninguna utilidad, y sin embargo lo necesitamos. ¿Por qué?
DE WINTER. Porque... ¿nos tranquiliza?
EDWARD. ¿Algo que nos provoca cáncer debería tranquilizarnos?
DE WINTER. De acuerdo. El tabaco no es bueno. Me ha convencido.
EDWARD. Inútil y perjudicial al mismo tiempo y sin embargo...
DE WINTER. Lo necesitamos.
EDWARD. Nos han creado una necesidad más bien. Y, como humanos, somos débiles, caemos prendidos del hechizo del cigarrillo y nos entregamos a él sin preocuparnos las consecuencias.

EDWARD *y* DE WINTER *se llevan sus respectivos cigarrillos apagados a la boca y hacen que fuman, y que expulsan humo, aunque no expulsan nada, solo aire.*

DE WINTER. Una cosa más.
EDWARD. ¿Otra?
DE WINTER. *(Irónica).* Entienda que es difícil resistirse a sus encantos.

EDWARD. ¿Mi tabaco?

DE WINTER. Sus reflexiones. Por ejemplo, ¿qué piensa que dirá el señor Oldman cuando le acusemos?

EDWARD. ¿El jubilado?

DE WINTER. Gene Oldman, sí.

EDWARD. Pues les mandará a la mierda.

DE WINTER. Por favor.

EDWARD. Lo digo en serio: les mandará a la mismísima mierda.

DE WINTER. Señor Poor, si es tan amable, desarrolle esa respuesta.

EDWARD. Espere. Cierre los ojos.

DE WINTER. ¿Yo?

EDWARD. Cierre los ojos un momento.

DE WINTER. ¿Por qué?

EDWARD. Por favor.

DE WINTER *los cierra.*

EDWARD. *(Cambia su voz).* ¿Me acusan de qué?

EDWARD *está imitando a Gene Oldman, el jubilado.*

EDWARD. *(Imitación).* ¿De asesinar a quién? ¿A James? ¿Y cómo lo iba a matar, si puede saberse? ¿Con mi bastón o lanzando mis audífonos? Miren, mi artrosis y mi cadera no me permiten grandes esfuerzos, así que... ¡Ridículo! Pero comprensible... porque ahora lo entiendo todo. Ya sé de dónde viene esa acusación... ¡de mi pensión! ¡Eso es! ¡Lo que quieren es acusarme de este crimen para así encarcelarme y quitarme mi pensión! ¡Así trata mi país a sus ancianos! ¡Así trata a sus mayores, como un lastre del que tienen que deshacerse cuanto antes! ¡Igual que los bancos, que ahora nos eliminan de sus mostradores! ¡Quieren nuestro dinero, pero no vernos las caras! ¡La economía, la economía... la puta economía!

DE WINTER *abre los ojos.*

DE WINTER. Tiene usted también cierta capacidad... actoral.
EDWARD. Tengo mucho cuento, sí.
DE WINTER. Entiendo que usted lo eliminaría.
EDWARD. Solo de la lista de sospechosos, señora de Winter, solo de la lista de sospechosos.
DE WINTER. ¿Y de la doctora? ¿Qué me dice de Laura Cured?
EDWARD. Cierre los ojos.
DE WINTER. ¿Otra vez va a...?
EDWARD. *(Interrumpiendo).* Por favor, señora de Winter. Los ojos.

DE WINTER *cierra los ojos.*

EDWARD *carraspea para así tener una voz más fina, dispuesto ahora a imitar a la doctora.*

EDWARD. *(Imitación).* Increíble. ¿Me lo están diciendo en serio? ¿Me acusan? Intolerable. Esto es por ser mujer, seguro, por ser mujer y tener la ambición de ser independiente y mejorar. Y por protestar por hacer turnos de veinticuatro horas en el trabajo, supongo... Veinticuatro horas para cuidar la salud de las personas. ¿Cómo pueden pretender que atendamos a los pacientes con estos turnos? Eso... ¡eso sí es un crimen! ¡Que contraten a más médicos! ¿Tan difícil es? ¿No habíamos quedado en que la salud es lo más importante? Y no, no he matado a nadie. ¡Menuda estupidez! ¡¡Por qué iba yo a matar a James?! ¿Y por qué le iba a clavar una daga por la espalda? Además, si quisiera matarlo no cometería tal... tal grosería. Utilizaría mis conocimientos. Sería todo mucho más elegante. Así que, bueno, supongo que esta acusación es una broma de mal gusto, justo como nuestros turnos de veinticuatro horas.

DE WINTER *abre los ojos.*

DE WINTER. Apuesto a que en la universidad formó parte del grupo de teatro.

EDWARD. Y del mobiliario del bar, pero no tiene mayor importancia.

DE WINTER. ¿Tampoco la ve culpable?

EDWARD. A pesar de mi miopía, tampoco.

DE WINTER. Pues entonces solo nos queda un sospechoso.

EDWARD. Y una vez más...

DE WINTER. Cierro los ojos.

De nuevo, EDWARD *está listo para transformarse, en esta ocasión en el profesor Lawrence Learning.*

EDWARD. *(Imitación).* Es de todo punto inasumible por mi parte tal acusación. No tiene base y, por tanto, es errónea y, sobre todo, innecesaria. ¿Acaso... acaso tengo yo pinta de ser un asesino? Créame cuando le digo que si, después de veinte años impartiendo clases en Secundaria, no he exterminado a ninguno de mis díscolos alumnos, no voy a hacerlo ahora con el anfitrión de una fiesta de cumpleaños a la que he sido, de manera excepcional, amablemente invitado. Pero ya sé de dónde viene esto. Vaya si lo sé. A alguien no le ha gustado que me manifieste por mejorar la educación, por hacer leyes más coherentes y prácticas. Y por eso se me acusa.

DE WINTER *abre los ojos.*

DE WINTER. Así que, según usted, ninguno de los tres es culpable.

EDWARD. Seguro que son culpables de muchas cosas, pero no de este asesinato. Y esto me lleva a la siguiente cuestión: ¿Por qué querría alguien culpar a estas tres personas de un crimen?

DE WINTER. Tengo mis motivos, señor Poor.

EDWARD. ¿Los tiene? O quizá... quizá es que recibe órdenes.

DE WINTER. Su imaginación es desbordante, sin duda.

EDWARD. Dejemos a mi imaginación a un lado, que después se queja de que no la dejo descansar. Yo aquí lo que veo, claramente, es hostilidad.

DE WINTER. ¿Hostilidad?

EDWARD. Y clasismo.

DE WINTER. Señor Poor, si fuera clasista no le pediría opinión a un muerto de hambre como usted.

EDWARD. Este muerto de hambre ya le ha dado un cigarrillo, señora de Winter.

DE WINTER. Y agradecida estoy.

EDWARD. Veo un patrón. ¿Usted no? Fíjese, tenemos a un jubilado, a una doctora y a un profesor.

DE WINTER. Ya hemos hablado de esto, señor Poor.

EDWARD. Y, por mucho que hablemos, veo que no entra en razón.

DE WINTER. Así que, según su criterio, la razón y yo no congeniamos.

EDWARD. Hágase esta pregunta, señora de Winter: ¿Por qué esos tres son sus sospechosos?

DE WINTER. Yo soy la que hace las preguntas, no usted.

EDWARD. ¿Un abuelete que sobrevive con su pensión? ¿Un profesor exhausto con clases saturadas de alumnos? ¿Una doctora agotada de hacer turnos interminables?

DE WINTER. Tengo... mis motivos.

EDWARD. ¿El elemento sorpresa? Ya lo hablamos antes. Pero ninguno de los tres es un asesino... aunque eso no quita para que alguien sí los quiera asesinar a ellos.

DE WINTER *parece divertida. Y orgullosa, porque piensa que ha descubierto algo.*

DE WINTER. ¡Ya sé lo que está haciendo!

EDWARD. ¿Qué quiere decir?

DE WINTER. Quiero decir que usted es un escritor y lo que está haciendo es insertar un punto de giro en la trama: los sospechosos de asesinato, de repente, pasan a ser víctimas potenciales. Tiene mi más sincera enhorabuena.

EDWARD. Que sea un punto de giro no quiere decir que no sea real.

DE WINTER. Así que ahora mis tres sospechosos son tres víctimas... pero, entonces, ¿quién es ahora el nuevo sospechoso de las nuevas víctimas?

EDWARD. El Poder.

DE WINTER. Las drogas tienen que ser algo como esto: escucharle a usted.

EDWARD. Y usted, a poco que lo pensemos, es un brazo de El Poder.

DE WINTER. Formo parte de un complot para acabar con ellos tres, ¿es eso?

EDWARD. En cierto modo, y recuerde lo que le dije antes.

DE WINTER. Me ha dicho tantas cosas que más fácil sería aprender chino.

EDWARD. Los círculos concéntricos, señora de Winter. James y yo éramos amigos, y no hace falta ser un lince para saber que este ha sido un crimen pasional, un crimen de alguien que se ha dejado llevar por sus instintos. ¿Quién... quién le clava hoy día una daga en la espalda a alguien? ¡Eso es un crimen del siglo XX! ¡O del XIX! Pero no del siglo XXI, señora de Winter. Hoy se mata de otra manera: se recortan pensiones, se mete a un profesor en clase con cuarenta alumnos o se hace que una médica encadene jornadas de trabajo de veinticuatro horas. ¿En definitiva? Sus sospechosos son víctimas de un asesinato programado... algo que los mecanismos de poder hacen por instinto de supervivencia. El suyo propio, claro. ¿James? James es víctima de un asesinato aleatorio.

DE WINTER. Usted ha perdido el poco juicio que le quedaba.

EDWARD. Sabe que tengo razón.

DE WINTER. Sé que se ha vuelto loco: estábamos hablando de un crimen y ahora me habla... ¡ya no sé de qué me habla!

EDWARD. Le hablo de la trigonometría del crimen.

DE WINTER *hace gestos de negación.*

EDWARD. De Gene, Laura y Lawrence: pensiones, sanidad y educación. ¿Hay mayor crimen que ese?

DE WINTER. ¡Desvaría!

EDWARD. Le hablo de los tres elementos que forman la trigonometría del crimen, pero usted los ignora.

DE WINTER. ¡No los ignoro! Y no los puedo ignorar porque están aquí mismo.

EDWARD *parece confundido.*

EDWARD. ¿Aquí? ¿De qué me está hablando?

DE WINTER. La persona asesinada, la que investiga y el asesino. ¡Eso sí es la trigonometría del crimen! ¡La verdadera trigonometría del crimen! Y aquí estamos ahora los tres.

EDWARD *recapacita sobre lo que ha dicho ella.*

EDWARD. Desde el principio, usted solo ha tenido un sospechoso. Y esto, claro, nos lleva a una única e inevitable conclusión.

DE WINTER. Así es, señor Poor.

EDWARD. Parecía que yo estaba mareándola... pero en realidad usted me ha estado mareando desde el principio.

DE WINTER *da un paso al frente, con seguridad, consciente de la importancia de lo que va a decir.*

DE WINTER. Porque usted ha matado a James Wildshire.

FASE 3

DE WINTER. Usted es un asesino.

EDWARD. Parece el título de una película antigua.

DE WINTER. ¿Es lo único que tiene que decir?

EDWARD. Una comedia, seguro.

DE WINTER. ¿No lo niega? ¿Ni siquiera trata de defenderse?

EDWARD. Soy inocente, no he matado a nadie... y, si algún día me decidiera a hacerlo, nunca empezaría por mis amigos.

DE WINTER. Cualquier buen enemigo empieza siendo amigo.

EDWARD. Y los mejores amigos empiezan siendo enemigos. Ya está bien, señora de Winter, de verdad... ¿no le extraña nada de todo esto?

DE WINTER. Lo único que me extraña son todas las palabras que usted suelta por la boca: vuélquelas al papel o acabará volviéndose loco. Sus teorías políticas disfrazadas de crímenes son dignas de la mejor propaganda.

EDWARD. Los muertos no son propaganda.

DE WINTER. ¿Ah, no? ¿Y qué son?

EDWARD. Muertos. Y, además, son otra cosa: hechos. Hechos y muertos. ¿Y sabe por qué forman el crimen perfecto? Porque está institucionalizado. Menuda palabra. Le diré dos más: asumido, consentido. ¿Por quién? Por todos nosotros.

DE WINTER. ¿De qué... demonios me habla ahora, señor Poor?

EDWARD *se acerca al borde del escenario, casi como si estuviera en un mitin.*

EDWARD. Le hablo de la trigonometría del crimen perfecto, de cómo arruinar a una sociedad debilitando los pilares sobre los que debería sostenerse: la educación, la sanidad y nuestros mayores.

DE WINTER. Pero qué... ¿Se está usted escuchando? ¿Qué tiene eso que ver con lo que tenemos aquí? ¿Acaso ha olvidado que tenemos delante el cadáver de una persona?

EDWARD. ¿Por qué preocuparnos de la muerte de un rico... cuando lenta pero inexorablemente estamos minando el bienestar de nuestra sociedad y fraguando la muerte de miles y miles de personas?

DE WINTER. Me... exaspera, señor Poor.

EDWARD. Supongo que la muerte de un noble es más importante que la muerte de mil pobres... aunque solo sea porque el gabinete de prensa del noble es mucho mejor.

DE WINTER. Así que, según usted, no debería investigar este asesinato. No es importante. No... no merece mi atención. ¿Es eso?

EDWARD *se fija en su propio cigarrillo, que sujeta entre los dedos, íntegro y visible.*

EDWARD. ¿Se ha fijado en nuestros cigarrillos?

DE WINTER. Maldita sea, señor Poor, ¿ahora... ahora quiere hablar de los cigarrillos?

EDWARD. Fíjese. Es importante.

DE WINTER *se observa su cigarrillo, también entre sus dedos.*

DE WINTER. ¿Qué les pasa?

EDWARD. No echan humo. No están encendidos.

DE WINTER *hace un gesto despectivo. Aunque se da cuenta de que es verdad.*

EDWARD. Aunque hemos estado fingiendo que fumábamos. ¿Qué me dice de esto?

DE WINTER *tira el cigarrillo.*

DE WINTER. Le digo que deberíamos centrarnos en lo importante.

EDWARD. Lo importante, claro. Lo importante para usted.

DE WINTER. Hay un cadáver a nuestros pies.

EDWARD. O, mejor todavía, olvídese de los cigarrillos, ¿no se ha preguntado por qué estamos hablando en español?

DE WINTER *se sienta en una silla, frustrada, por no poder razonar con su interlocutor.*

EDWARD. Confieso que al principio todo me ha parecido normal, como a usted, pero la acumulación de detalles... me ha hecho hacer "click".

DE WINTER. ¿Click?

EDWARD. Click, sí, señora de Winter.

DE WINTER. ¿En serio?

EDWARD. Me ha hecho reflexionar.

DE WINTER. Pues quizá... quizá debería reflexionar menos.

EDWARD. Al contrario, señora de Winter: deberíamos reflexionar hasta a la hora de ir a por pan, porque es la falta de reflexión, y de nuestra natural tendencia a imitar tendencias, lo que nos convierte en animales, en pollos sin cabeza, si me permite. Como Twitter.

DE WINTER. ¿Twitter?

EDWARD. Twitter, sí, esa una granja global de pollos sin cabeza que se lleva en el bolsillo.

DE WINTER *resopla. Se la ve cansada, sin ganas de contrarrestar lo que él afirma.*

EDWARD. Le decía que nuestros cigarrillos no echan humo, que estamos hablando en español y que, sin embargo, nuestros nombres son ingleses. Que mi apellido es Poor. Pero si eso no le parece curioso, recuerde los apellidos de los tres sospechosos: Oldman, Cured y Learning. ¿Ata ya los cabos?

DE WINTER. Ato lo que quiera... hasta las patillas de sus gafas de miope.

EDWARD *camina animado por el salón, al tiempo que expone su teoría.*

EDWARD. "Hombre viejo", "curado" y "aprendiendo". En fin, todo esto lleva a una inevitable conclusión, señora de Winter, y es que aquí no ha habido ningún crimen. No desde luego el de James Wildshire, duque de Wildshire.
DE WINTER. ¿Y qué me dice del señor que yace sobre la alfombra persa?
EDWARD. *(A James).* Señor Wildshire, puede usted levantarse.

Entonces, JAMES *se levanta, mira al escenario algo confundido, y después a* DE WINTER *y* EDWARD.

EDWARD. Puede retirarse.

JAMES, *algo confundido, sale del escenario.*

La señora DE WINTER, *con una amplia expresión de sorpresa, se levanta del sillón.*

DE WINTER. Pero... ¡¡¿¿Qué??!! ¡¡¿¿Qué...??!! ¡¡¿¿Cómo...??!!
EDWARD. ¿Tengo ahora su atención, señora de Winter?
DE WINTER. ¡¡¿¿Lo... lo ha... lo ha... ??!!
EDWARD. Por supuesto.
DE WINTER. ¡¡¿¿Lo ha visto??!!
EDWARD. Con meridiana claridad.
DE WINTER. ¿Qué... qué broma es esta?
EDWARD. Ojalá fuera una broma. De hecho, me encantaría. O que se tratase de una gran charada, pero... Mire, el problema, el origen de todo esto, radica en lo que hay ahí fuera.
DE WINTER. ¿De qué habla?

EDWARD *se acerca al sofá y se tumba a lo largo.*

DE WINTER. ¿Le parece... le parece ahora un buen momento para echar una siesta?

EDWARD. Desde luego que no... porque ya he dormido bastante. Pero es buen momento para asumir la situación.

DE WINTER. ¿Qué situación?

EDWARD. La nueva, señora de Winter, la nueva situación.

DE WINTER. ¿Quiere que lo arreste por asesino o por loco? Me hace dudar.

EDWARD. Le recuerdo que hemos visto salir por su propio pie a la víctima.

DE WINTER *se queda pensando en eso.*

DE WINTER. Mire que he visto cosas raras en mi oficio pero esto... esto se lleva la palma, desde luego.

EDWARD. ¿Y qué explicación le daría usted?

DE WINTER. Una que no es fácil, desde luego.

EDWARD. Soy todo oídos.

DE WINTER. Mire, ya está bien de juegos. Sin duda, todo esto es una gran broma.

EDWARD. Es una forma de verlo.

DE WINTER. Una gran broma que va a tener consecuencias.

EDWARD. En eso no podríamos estar más de acuerdo.

DE WINTER *se va acercando cada vez más hacia donde está tumbado* EDWARD*, al tiempo que las luces del gran salón se van debilitando poco a poco. Los rayos y truenos del principio parecen regresar.*

DE WINTER. Pero, es curioso.

EDWARD. ¿Qué es curioso, señora De Winter?

DE WINTER. La relatividad de todo. Hace que una se tome las cosas con más calma.

EDWARD. Eso es bueno.

DE WINTER. No sé si es bueno, pero es lo que ahora siento.

DE WINTER *llega a la altura del sofá, hasta quedar muy cerca de la cabeza de* EDWARD.

DE WINTER. Algo es seguro: estoy desconcertada.
EDWARD. ¿Y qué le dice su corazón?
DE WINTER. Nada. Quizá no tengo corazón.
EDWARD. ¿Y su cabeza?
DE WINTER. Que ya es tarde, pero no sé para qué. Quizá para todo.

Las luces se han ido apagando tanto en la escena que ya no parece un salón: ahora parece que viésemos a alguien reclinado sobre una camilla, y, en su cabecera, a una enfermera o doctora.

EDWARD. Quizá para nada.

FASE 4

El gran resplandor de un rayo sacude la escena y comproba-
mos que ha desaparecido todo el mobiliario del salón: ahora se
parece más a una habitación de hospital. Pronto regresan las pe-
numbras.

DE WINTER. ¿Cómo se encuentra?
EDWARD. Cansado. Como si despertara de un largo sueño.
DE WINTER. Ha despertado de un largo sueño.
EDWARD. ¿Dónde estoy?
DE WINTER. En buenas manos.
EDWARD. ¿Qué ha pasado?
DE WINTER. Cayó enfermo.
EDWARD. ¿Enfermo?
DE WINTER. Tuvo que ser ingresado.
EDWARD. ¿En el hospital?
DE WINTER. De urgencia. Tenía fiebre alta, agotamiento, tos
seca y prolongada.
EDWARD. No recuerdo...
DE WINTER. Derivó en neumonía grave. Hubo complicaciones.
EDWARD. ¿Qué... qué tipo de complicaciones?
DE WINTER. De las que matan. Por eso nos vimos obligados a
inducirle a un estado de coma.
EDWARD. ¿Qué...?
DE WINTER. Tómeselo con tranquilidad. Ya ha pasado lo peor.
EDWARD. ¿Lo peor?
DE WINTER. Casi muere. Hubo que decidir entre varios pa-
cientes y usted salió ganador.
EDWARD. ¿Decidir? ¿De qué... de qué me habla?
DE WINTER. De que no había material médico para todos. Ni
siquiera había médicos para todos. Demasiados enfermos. Es lo
que tienen las epidemias, que ponen a prueba los pilares del sis-

tema. Pero, como le digo, usted ha ganado: era el más joven y con más posibilidades de sobrevivir. Enhorabuena.

EDWARD. ¿Y el resto?

DE WINTER. Preocúpese de usted, señor García.

EDWARD. Pero...

DE WINTER. ¿No me ha escuchado? Ha tenido suerte. Mucha. Usted es joven y fue atendido por un profesional bien preparado que acababa de entrar en su turno. Porque... mire, no le voy a mentir. No es lo mismo diagnosticar cuando empiezas a trabajar que cuando llevas veinte horas en la mochila. Y no es lo mismo atenderle a usted que a un señor de noventa años. Y no es lo mismo que te atienda alguien en prácticas que alguien con experiencia. ¿Entiende lo que quiero decir, señor García?

EDWARD. ¿García?

DE WINTER. Lo importante es que acaba de despertar y se va a recuperar.

EDWARD. ¿Cómo... cómo se llama usted?

DE WINTER. Soy la doctora Merino.

EDWARD. Merino.

DE WINTER. Sí, y ahora quiero que descanse. Aún está débil, pero pronto podremos avanzar. Ha superado lo peor. No todos pueden decir lo mismo.

EDWARD. Doctora.

DE WINTER. ¿Sí?

EDWARD. ¿Qué he superado?

DE WINTER *se levanta.*

EDWARD. ¿El virus?

DE WINTER. Este lo ha superado, señor García, pero vendrán más. Y entonces tendremos que estar mejor preparados. Porque también habrá que superarlos.

La escena se oscurece, ellos desaparecen. Entonces, entra en escena el DUQUE, *que se dirige al público en un ambiente tenebroso.*

DUQUE. ¿Hay algo peor que ser asesinado? No existir. Se lo garantizo. Porque ahora, al parecer, resulta que no existo... lo cual resulta ciertamente frustrante. Es como cuando de pequeño esa chica que te gustaba ni siquiera cruzaba una mirada contigo. No existías. Muy frustrante, lo que les decía. Y el caso es que ya me había hecho ilusiones: me habían asesinado, de acuerdo, pero, oye, era un duque, había celebrado una gran fiesta de cumpleaños, y, aunque estuviese muerto, en realidad estaba vivo porque estaba hablando con ustedes...

El DUQUE *está algo confuso.*

DUQUE. A ver, que sea difícil de entender no quiere decir que no tenga razón. El caso es que, si yo no estoy muerto, nadie ha podido asesinarme. Pero, ojo, eso no quiere decir que no haya otros asesinos por ahí, activos o pasivos, hábiles o torpes, con conocimiento o ignorantes. Puede que aquí, hoy, este asesinato haya sido imaginado, pero hay otros muchos que sí son reales, y son ustedes los que tienen que hacer algo porque, cuidado, tal vez algún día una de las personas que ahora atiende a mis palabras sea la que yazca sobre una alfombra persa con una daga en la espalda, y entonces, ¡ah!, entonces ya será demasiado tarde.

Silencio.

DUQUE. Aunque, claro, tal vez no tengan madera de víctimas, sino de asesinos. Y, así, están satisfechos con su condición, porque son unos asesinos que no se manchan de sangre las manos, no hay olor a muerto cerca y sus conciencias... ah, sus conciencias viven lejos, muy lejos. Tranquilas.

El DUQUE *se mueve por el mismo borde del escenario, cada vez con más seguridad y firmeza, mirando fijamente al público.*

DUQUE. Pero... han cometido un error. Hoy han venido aquí. Dispuestos a relajar sus mentes, olvidar sus preocupaciones, y así regresar a casa con esas conciencias tranquilas por sus pequeños crímenes diarios y cotidianos. Pero esto no es un programa de evasión; para eso tienen sus series de Netflix y películas de sobremesa, sus libros y revistas, sus grupos de WhatsApp, sus mensajes y sus mierdas de Twitter, Instagram, Tik-Tok y Facebook. Esto, esto es serio. Y como esto es serio les diré algo: actúen. Cada uno en su medida, cada uno dentro de sus posibilidades. Pero actúen. No se echen en el sofá y piensen: "Ya arreglará alguien los problemas". No. Hay que actuar. Así que actúen. Siempre. Y actúen con una máxima: ustedes no son los más listos y no hagan a los demás lo que no les gustaría que les hicieran. Además, aunque no lo crean, es muy probable que ustedes sean culpables de muchas cosas. No existir es peor que ser asesinado, sí... pero hay algo aún todavía peor: limpiarse la conciencia a diario en un intento por olvidar... la verdadera trigonometría del crimen.

FIN

FILIPO

Carlota Berzal

A mi madre.
A la Ataxia

FILIPO se estrenó en España el 27 de Agosto del 2014 dentro del Festival Noches de Teatro en el Auditorio Costa Rica de Cádiz con Cristian Ávila, Lola Solís, Iván Mayo, María Cazenave, Cristina García, Natán Segado y Guillermina Torresi. En Argentina tuvo su debut el 5 de Diciembre del 2016 en Teatro del Abasto de Buenos Aires con Paula Flaks, Bruno Giraldi, Raúl Jimenez, Lola Vera y Amanda Berrueco.

I

Voz en off. Oscuro total.

FILIPO.
Claustrofobia sentimental.
De la vitrocerámica al gas.
Y no te escupo,
y no te sangro,
y no te vomito.
Fuiste sutilmente de la nariz a la garganta hasta postrarte en el estómago.
No paras de repetirte, repetirte, repetirme...
Puto nudo cerebral.

Empieza a sonar música electrónica. Poco a poco se ilumina la escena. Se puede ver a CORO *formando un cerebro con sus cuerpos. Los cuerpos empiezan a moverse de manera eléctrica.*

II

PRESENTADOR. ¡Muy buenas noches desde el otro lado del escenario! Tengo el placer de presentarles al suicidio en persona. Con todos ustedes: Filipo. ¡Un aplauso, por favor! Para que ustedes entiendan un poquito de qué va la cosa, cuando Filipo se ponga un sombrerito, estamos ante Filipo cuando era pequeño, adolescente... vamos, a Filipo en el pasado. *(Una persona de* CORO *se acerca y le coloca el sombrerito).* Sin el sombrero pasa a ser el Filipo actual. Esta historia no sería nada sin la presencia de la maravillosa Marga. Tan bella como una margarita y tan amarga como... ella misma. *(MARGA está sentada en su andador).* ¡Démosle un gran aplauso, por favor! Y por último, la persona que guiará esta hermosa velada y la hará todo lo amena que pueda. Dispuesto a entreteneros y evadiros hasta el extremo de quedar agilipollados. Un servidor. Apláudanme, por favor. Que empiece la función con Momento Cocina. Disfruten y por favor, apaguen los móviles porque no quiero vibraciones en los altavoces. De aquí a una hora solo van a estar en contacto conmigo y con mi historia. Bueno, pues eso, Momento Cocina.

III

Dos sillas de plástico y una mesa conformada por dos personas del CORO. *Encima de sus cuerpos hay un yogurt, un cuchillo y tenedor.* FILIPO *abre cuidadosamente el envoltorio de un caramelo mientras* MARGA *intenta comer el yogurt con una cuchara. Le tiembla la mano y no consigue acercarse una cucharada a la boca. Tras varios intentos, ella empieza a reírse.*

MARGA. Estuve en varios sitios de informática y en uno de los sitios, una tienda pequeñita de informática, me ha hecho muchísima gracia porque, ¡me ha atendido una mujer! Una mujer de mi edad. Encima de mi edad. No era una niñata de veinte años, no. Una mujer. Porque normalmente en estas tiendas te encuentras chicos, varones. Con los pelos así de punta o despeinados, que tienen como mucho veinticinco años. Me explicó todo tan bien: <<Te voy a poner tal, te voy a poner cual>>. Me quedé sorprendida. Me instaló el antivirus que yo no tengo ni idea. Pero todo esto ¡una mujer! Una mujer informática. Qué risa. Lo entiendes, ¿no Filipo? ¿No te hace gracia, Filipo? ¡Una mujer informática! *(Al ver que* FILIPO *no se ríe, se acerca y le da una bofetada).* No me vas a decir que no es gracioso. Algún día en tu puta vida te reirás, ¿no? Qué pena de ti. *(Vuelve a intentar comer el yogurt con la cuchara pero se le hace bastante imposible porque tiembla y se le cae casi todo. Cuando el niño se da cuenta de que su madre esta completamente manchada, intenta ayudar).* ¡Que no hace falta que me ayudes, coño! Yo puedo por mí misma, déjame. *(Suelta la cuchara y decide comer con las manos. Filipo empieza a jugar violentamente con cuchillo y tenedor).* Para comer a veces es necesario comer de manera basta y te tienes que manchar. No hace falta tener cuidado para comer, o por lo menos, no contigo al lado. Depende de con quien esté. Pero contigo no tengo que ser cuidadosa comiendo. Si me quiero comer el yogurt como si no lo hubiese comido en mi vida, pues lo tengo que comer así. Nunca sé cuál será mi último yogurt. Hay que disfrutar de la comida, mancharse, ponerse guarro comiendo. Es lo mejor que tiene la vida. *(Continúa hasta acabarse el yogurt mientras observa a* FILIPO *intensificar su pelea con los cubiertos. Marga lo observa).* Qué pena de ti.

IV

Voz en off. Se iluminan las manos de FILIPO *repitiendo un gesto.*

FILIPO.
 ¿Quién soy yo?
 No soy nadie ni seré nadie.
 Y sí, soy el derrotado.
 El que no duerme.
 El que come cada cinco horas, pero poco.
 Me arden las rodillas.
 Mi felicidad se encuentra encapsulada en alguna parte, quizás.

V

PRESENTADOR. Decían por ahí que: <<Los fracasados y los ina­daptados son la mejor medida para juzgar las debilidades de una civilización>>. Pues bien, Filipo es un caso de fracaso bastante interesante. Es alguien que se quiere suicidar, sea como sea. Seamos sinceros, el suicidio es un tema tabú. Del sexo ya hablaron de todas las maneras pero, ¿y del suicidio? Quizá es que yo no estoy muy enterado del tema. *(Camina hacia el público. Acerca el micro a un espectador).* Muy buenas noches, ¿cómo se llama usted? La vida, ¿cómo le va? Y, ¿no ha pensado usted en suicidarse? *(No espera respuesta. Le quita el micro y se va hacia escenario).* La verdad es que yo nunca me lo he planteado. De qué lechugas me podría yo quejar en este mundo tan llenito de todo. Todo lo que quieras está a tu alcance. Es maravilloso. Volviendo a Filipo y su idea de suicidio. Os preguntaréis, ¿y por que no se ha suicidado ya? Tampoco es tan complicado, ¿no? Unas venitas cortadas, un ahorcamiento encima de una lámpara... Pero amigos míos, Filipo a parte de inadaptado quiere tener una muerte original. Un suicido original. Vamos, que no tiene cojones de morir por sí mismo. Es aquí que empezamos la Tanda Ridícula de Suicidios. Un aplauso, por favor. Empezamos con Manera Ridícula de Suicidarse uno: trabajando en su propia empresa de frío industrial.

VI

CORO *canta al unísono "Filipo Carlipo te lo deja todo bien fresquito" entrando a escena. Se convierten en una ventanilla para* TERAPEUTA *y una barra donde apoyarse para* FILIPO. *Uno del* CORO *es el* TERAPEUTA.

FILIPO. No soporto los momentos vacíos. Me jode muchísimo tener que estar horas sin tener nada que hacer. Siempre estoy haciendo algo. Lo que sea, pero algo.

TERAPEUTA. Ajá.

PRESENTADOR. Mentira.

FILIPO. Por eso me saqué el grado superior. No creas que por mis ganas de estudiar. Me jodía estar en casa solo sin hacer nada de nada. Hace poco tiempo que terminé el módulo superior en frío industrial. Me junté con un antiguo compañero de clase y formamos nuestra propia empresa.

TERAPEUTA. Ajá. Pero, ¿frío industrial?

FILIPO. A ver, lo que hacemos es poner los aires acondicionados en las casas o arreglarlos.

TERAPEUTA. Ajá. Muy práctico.

FILIPO. Decidí que quería dedicarme a esto cuando vi a un hombre que estaba colocando un aire, caer desde un quinto piso y estrellarse. Me apetecía arriesgar. Me gusta el peligro. La empresa se llama Filipo Carlipo. Se nos ocurrió la genial idea de juntar los dos nombres y hacerlo pegadizo. *(CORO se une a cantar).* Filipo Carlipo te lo deja todo bien fresquito.

PRESENTADOR. ¿Quieres sentir el frescor del Polo Norte en tu casa? ¿Te gustaría trasladarte a la misma Rusia en verano? Filipo Carlipo se encarga de poner el aire en tu casa con toda comodidad y a un módico precio. Llame al 843294902348928977 6786... No lo dude. Filipo Carlipo te lo deja todo bien fresquito. *(Pausa).* Desgraciadamente, no se estrelló nunca. Ni se atrevió siquiera a subir a pisos altos. Le daban miedo las alturas. Así que no funcionó. Ni la empresa le dio dinero, ni se arriesgó a tirarse. Pero Filipo nunca olvida que, como decía un grande bigotudo: <<Los sueños siempre caen desde la altura de la inocencia y mueren>>.

VII

Voz en off. Se ilumina la boca de FILIPO *y el humo que suelta.*

FILIPO.
Esto va a estallar, huele a chamuscado y la chispa va creciendo.
Cuando coño voy a explotar y descarnarme.
Me he convertido en un filete de carne cruda y congelada.
Envuelta en cajita de plástico.
Lista para vender a cualquier precio.

VIII

PRESENTADOR. Filipo come cada cinco horas y duerme apenas una hora y media. Filipo es un hombre socialmente complicado. Dejen entrever un personaje/hombre que, multiplicado o fracturado es siempre muñeco/objeto de un poder tan oscuro como impreciso. Dicen que: <<La carne más barata del mercado es la carne negra>>. Así que, ¡toda sangre podrida es bienvenida! Llega uno de mis momentos preferidos. Cómo descubrió Filipo la sexualidad, el deseo y con eso... la violencia. En su estado puro. Si no les importa, yo también voy a participar. Momento Videoclip Uno. *(Suena canción discotequera. Comienza coreografía de* CORO. *En algún momento entra* FILIPO *cohibido. Poco a poco la música empieza a dominarle y entra en trance).* Y en su mente, alguien le decía: <<te voy a hacer sangrar el culo>>. Pasamos a Momento Depilación.

IX

MARGA *entra lentamente con el andador. Al llegar y sentarse, apoya sus pies en dos personas del* CORO *que conforman un taburete.*

MARGA. Filipoooooooooooooooooooooooo, Filipooooooooo ooooooo... *(Aparece en escena con su gorrito).* Hijo mío, depílame. Ya sabes que yo ya no puedo. *(*FILIPO *enciende la depiladora eléctrica).* ¿Qué quieres hacer cuando seas mayor Filipo? *(Silencio).* Para hacer lo que te propongas necesitas un tanto por ciento de energía. La energía es trabajo. Lo que tienes que hacer es trabajar, trabajar y trabajar. Espero que tengas la suficiente energía. Y que tengas un objetivo. Cuando se tiene en la vida un objetivo y se sabe muy bien cual es, se sale adelante. Con toda seguridad. Hay gente que se las ve que no tienen objetivos. Se levantan, van al trabajo... Hacen las cosas como los borregos, igual. Esas personas nunca van a llegar a nada serio. Solo la persona que tiene objetivos claros, precisos y concisos, que quiere luchar por ese objetivo totalmente, lo conseguirá. Espero que heredes de mí la energía, porque esas cosas se heredan. Yo la heredé de mi padre, yo lo sé. Porque mi padre... Mi padre murió cuando tenía 8 años pero por lo que me ha contado mi hermana y lo que sé, era un tiparraco con una energía vital tremenda. Hacía mil cosas a la vez. Tanto es así que murió de un infarto de miocardio. Es normal. Una persona que quiere abarcar tanto, normal que le de un infarto al final. Porque hacía mil cosas.

Queda congelada.

FILIPO.
No sé si quitarme esta careta plasticosa que tengo puesta.
La verdad es que me das asco.

Eres completamente asquerosa.

Tengo ganas de estrujarte la cabeza contra el andador.

O mejor poner todo tu cuerpo en el suelo y pasar el andador por delante,

a ver si te aplanas un poco.

A ver algún puto día dejas de escupir cuando hablas.

O de soltar trozos de comida cuando te ríes.

Eres repugnante.

Comienza a depilarla por todo el cuerpo de manera frenética. Ella no se mueve, ha quedado con la risa helada. FILIPO *cae al suelo acurrucándose.* MARGA *recobra el sentido.*

MARGA. Tienes que ser fuerte, te he criado para eso. Sé fuerte coño.

El taburete conformado por CORO *se transforma en una mesa y* FILIPO *sube encima, disponiéndose a caer. Oscuro.* MARGA *grita.*

X

PRESENTADOR. Volvemos con Tanda Ridícula de Suicidios. Otro que no consiguió y que repitió más de una vez es el famoso: Tírate de un mueble. De pequeño con ese cuerpito que tenía y lo bajito que era, podía caer desde una mesa como si de un quinto piso se tratase. Pero esta carne negra está demasiado dura y resiste, así que de pequeño no consiguió su propósito. Hace poco, aprovechando unas vacaciones con su empresa, decidió viajar hasta un pueblito de estos mundos árabes. Ni yo sé donde están porque son muy grandes y muy desconocidos.... Terrible, ¿no? Viajar por allí, tan diferente.... Uf, me da pampurrias. El asunto es que había escuchado constantemente en las noticias, que raptaban a turistas para que sus familias les mandasen dinero como recompensa. Como él ni tenía familia ni mucho dinero, veía la manera perfecta de morir. Y no lo olvidemos, original.

FILIPO *entra en un zoco habitado por* CORO*, lleva consigo todo tipo de dispositivos electrónicos con sus correspondientes cargadores y adaptadores. Parece un árbol de navidad tecnológico.* CORO *le apunta con los brazos a modo de armas.*

CORO. ¿Tu ser América? ¿Japonés? ¿Francés? *(*FILIPO *niega con la cabeza).* ¿Pues de donde tú ser hombre de las mil cámaras?
FILIPO. España. Yo, de España.

CORO *desaparece decepcionado.*

XI

PRESENTADOR. Hay algo que para todos nosotros en estos tiempos es familiar y mal visto a la vez, como orinar en público: quejarse. Nos estamos constantemente... Yo afortunadamente, no. Mejor dicho, estáis constantemente quejándoos. Que si los sueldos, que si los políticos, que si la sanidad, que si la educación... En fin, no os dais cuenta que de boquita no se consigue nada. O poquitas cosas. *(Hace gesto vulgar rememorando la VIII)*. Filipo, como buen español se quejaba mucho. Cuando no pensaba una manera original de suicidio, intentaba buscar el porqué de ese odio interno hacia la humanidad y hacia sí mismo. Su mejor salida era arrojar la culpa a la situación actual mundial. Muy típico de fracasados e inadaptados. Decía: <<Todo lo que pasa es porque están especulando>>. Con todos ustedes: Momento Videoclip Dos.

Empieza a sonar una canción de tipo electrónica. FILIPO *se encuentra en mitad de escenario con un casco en la cabeza haciendo playback a lo cantante en un videoclip. Poco a poco, se le van agregando* CORO *como bailarines con diferentes cascos: de moto, de bici, de obrero.* FILIPO *chilla para acabar drásticamente con el videoclip. Música se interrumpe. Todos se quitan los cascos. Aparece* PRESENTADOR *con papel en mano.*

XII

PRESENTADOR. ¡Tengo el placer de contar con un precioso fragmento del diario de Filipo! No me preguntéis cómo lo he conseguido. Uno tiene sus contactos. Os voy a deleitar:

Me sorprende la capacidad que tenemos de refugiarnos en el amor
como si fuese el único escondrijo que nos queda.
La última salvación.
Un beso...o un abrazo si lo preferís.
Yo por más que he intentado refugiarme en él siempre me han encontrado
y me han sacado apuntándome con una pistola en la cabeza.
El amor es un mal sitio donde esconderse.
El amor sirve para poco.
El amor llena mucho y a la vez te deja completamente seco.

Pobrecito... Se ve que el chiquitín no tuvo oportunidad de probar un buen pecho ni de disfrutar una buena lengua suelta. ¿Queréis conocer a Filipo enfrentándose con el amor más clásico? Pasen y vean.

Se vuelve al formato con TERAPEUTA *en una ventanilla formada por* CORO *y* FILIPO *apoyado en una barra también formada por* CORO.

FILIPO. Me acuerdo de pequeño que estaba en el teatro del colegio. Me apunté porque mi madre insistía en que tenía que socializar e intentar ser alguien diferente. Aunque fuese encima de un escenario, ya que ella encima de las baldosas de casa no lo conseguía.

TERAPEUTA. Ajá. Y, ¿amigos?

FILIPO. Es verdad, yo era tímido y me costaba bastante hacer amigos. Pero tampoco ponía mucho interés. Yo era feliz con mi auto compañía. El papel que hice para fin de curso fue de monja, de Sor, para una versión que se hizo de Don Juan Tenorio.

Mientras TERAPEUTA *escucha, el* CORO *pasa a ser el elenco de la obra:* DON JUAN, DOÑA INÉS *y* FILIPO *como* MONJA. *Los demás hacen de árboles.*

MONJA.
¿Qué queréis de Doña Inés?
Pues conozco sus aventuras,
y no me fío mucho de usted.

DON JUAN.
Descuide madre sin sofocón,
que yo trato como una reina
a quien tiene mi corazón.

FILIPO. La niña que lo iba a hacer se había puesto llena de sangre por las bragas, o eso comentaban todos como si le hubiese entrado algo horrible. Yo la compadecí, y acepté ser monja por un día.

DOÑA INÉS *se acerca a* MONJA *y* DON JUAN.

DON JUAN.
Aquí estoy paloma mía
y como sabe toda Sevilla,
yo te sueño de noche y día.

DOÑA INÉS.
Don Juan, Don juan,
debéis callar...
que con tanta palabrería
me vais a sonrojar.

FILIPO. Mis compañeros parece que no me compadecieron a mí y se estuvieron riendo durante todo el espectáculo. Ellos y sus patéticas madres.

La pareja se toma las manos.

DON JUAN. El equilibrio de nuestro amor...
DOÑA INÉS. ... será el secreto de nuestra felicidad.
MONJA. Ya os podéis casar. Fin.

Saludan tímidamente todo el reparto, TERAPEUTA *aplaude entusiasmado.*

FILIPO. Ellos y sus patéticas madres. La mía aplaudía sin parar. Qué puta vergüenza.

Desde el público, MARGA *aplaude.*

MARGA. ¡Bravooooo! ¡Bravooo! ¡Aplaudir que se lo merecen! Es mi hijo, ¿saben? El de en medio. La monja. ¡Bravoooooo!
FILIPO. Creo que todavía queda mucho para escapar de mí mismo.

XIII

PRESENTADOR. Filipo desde pequeño odió visceralmente a toda la humanidad. Un día reventó de bronca y amaneció vacío de palabras.

Empieza canción a piano. Se ve a FILIPO *con su sombrero agarrando un cassette y tirando de a poco la cinta. Esta acción irá aumentando de velocidad e intensidad.* CORO *se irá sumando uno por uno dando grandes saltos cual niños felices en plena celebración de vida. La acción se interrumpe cuando se escucha a* MARGA *desde la lejanía.*

MARGA. Filipoooooooooooo, Filipoooooooooooooo...
PRESENTADOR. Para madre e hijo, la comunicación es un imposible y la identidad un propósito en vano. Tanto Filipo como Marga son a un tiempo corderos y lobos, víctimas y victimarios.
MARGA. Filipoooooooooooo, Filipoooooooooooooo...

XIV

PRESENTADOR. ¡Margaa! ¿Puede venir aquí un momento?
MARGA. Claro, ¡faltaría más!

Se escucha el ruido del andador avanzando.

PRESENTADOR. Me gustaría hacerle una breve entrevista. Con todos ustedes: Momento Entrevista a Tiempo Irreal. *(CORO ha colocado dos sillas. Se disponen a conformar una mesa en la que hay un vaso de agua).* Dígame, ¿porqué ser madre?
MARGA. Es mi naturaleza parir. Por eso tengo estas caderas que tengo. Es mi locura, porque es una locura. Yo ya tengo uno y mi trabajito me ha costado pero... Si no hubiese estas trabas económicas que hay hoy día, me pasaría el día pariendo.
PRESENTADOR. Ahora lo llaman trabas...
MARGA. Qué gusto y qué sufrido a la vez. Me encanta. Parir y luego darle la teta.
PRESENTADOR. Entonces la idea de que tenga hermanitos... Vaya, le noto un poco nerviosa. Tómese un vaso de agua.

MARGA *intenta beber del vaso pero tiembla y se le desparrama casi todo el agua por su cuerpo y las espaldas de* CORO.

MARGA. Uno. Con un hijo ya es suficiente. Con uno ya hay que estar atenta a todos los detalles. Te alegran la vida o te la amargan por completo. No hay términos medios con los hijos.
PRESENTADOR. Escuché una vez en una película: <<Con mucha frecuencia el ser humano no quiere conocer la verdad sobre sí mismo porque cree que le va a hacer daño. Entonces se hace todavía más daño intentando olvidar>>. Vamos con Momento Paseo.

XV

MARGA *caminando con su andador y a su lado,* FILIPO *lleno de bolsas. Están dando un paseo de vuelta a casa.*

MARGA. Me acuerdo cuando eras pequeño que te encantaba cagar por la casa, sobre todo detrás de las cortinas. Cuando me asomaba a la ventana y veía semejante regalito me iba hacia a ti y tú con la carita redondita me decías: <<Yo no he sido>>. Cuando naciste miraba horrorizada a tu padre. ¡Parecías un puto mono con ese cuerpo peludo! Pero luego de niño eras tan bonito y pequeñito... Así como una bolita gordita con los mofletes rojos. Una versión masculina de Heidi. Qué lástima... Mírate ahora. Cada vez te pareces más a un ratón con esa cara. Ese poco culo... Esas hechuras... Qué pena hijo mío. No sé a quien habrás salido. No nos salió bien la mezcla. Menos mal que tu hermano no llegó a crecer. ¡A saber cómo hubiese salido tu hermano! Pero no llegó a crecer... No llegó ni a abrir casi los ojitos... Ni abrió esa boquita pequeñita cuando ya se puso moradito... Las oportunidades en la vida te las buscas tú. Nadie te las va a dar. Deja de fracasar, levanta la cabeza y pisa fuerte coño. Te he criado para eso. *(*FILIPO *suelta las bolsas y se va.* MARGA *intenta coger las bolsas sin éxito).* Yo soy el cerebro y tú eres el cuerpo. Filipo no me hagas esto. Filipo yo no puedo con esto. Filipo todo el mundo está mirando...

XVI

FILIPO *habla con un micro muy pegado a la boca, casi susurrando.*

FILIPO.
No me preguntéis dónde.
Ni si quiera el porqué.
Pero no puedo mirar hacia atrás.
Cada parpadeo se me hace eterno.
No puede ser que me nuble el dolor.
Me ciega cada saliva que trago.
Me duele cada mierda que solté hacia el vacío.
Hay un abismo gigante entre las nubes y yo.
Si me arrepiento puede que sirva para algo, o no.
Puede que darte un abrazo ahora mismo sea lo que quiera.
Darte un beso en cada uno de tus dedos para pedirte perdón.
Y ahora nada.
Ahora nada.
Absolutamente nada.
Qué sensación más desagradable el buen frío clavado en el costado,
tocando cada costilla como si de teclas se tratase.
Aquí ya ni llueve ni anochece,
simplemente se queda en ese punto y seguido.

XVII

Comienza a sonar canción a guitarra. CORO *irá apareciendo con gestos de cada uno de los personajes a modo de coreografía.*

PRESENTADOR. Marga murió a los 45 años, cuando Filipo tenía 20. Diez años después, Filipo decide volver a entrar en la casa de su infancia. Es responsable de cada acto que ha hecho y lo sabe. Momento Culpa. *(Entra* FILIPO *sentado en el andador,* CORO *lo hace avanzar. Abraza ropa de su madre. Alguna la lleva puesta y otra la tiene en sus manos.* CORO *desprende la ropa y manipula a* FILIPO *con la punta de los dedos).*

Allí se quedó.
Parado.
A kilómetros de donde se supone que debía estar.
Desplegó el cuerpo y sacó toda la ceniza.
Le costaba parpadear.
Le costaba cualquier movimiento que implicase recuerdo.
Negación permanente.
Le cuesta respirar.
Suspirar no es una opción.
Alguien le pincha en las manos señalándole como único culpable.
Y sí, lo es.
Culpable de matar a su madre de pena.

XVIII

MARGA *está sentada en el andador fumando un cigarro. Por primera vez con el rostro sin maquillar. La mirada la mantiene fija y constante hacia un punto que solo ella sabe dónde se encuentra. Absorta fuma.*

MARGA. Parece que llevo mucho tiempo aquí... En esta vida no creas que me arrepiento de muchas cosas. Yo diría que de pocas. Creo que Filipo se rodeó del entorno correcto. Pobrecito, qué tonto es. Mira que yo lo he educado como bien he sabido y le he intentado espabilar, pero ese niño no tiene perdón de Dios. No lo tiene. Filipo creció entre mis pechos hundido y no despertó. Se quedó adormilado toda su puta vida. Yo hice lo que pude, No pude hacer más. Lo juro. Si es cierto, que a veces le salía una vena un poco canina. Como de chucho hambriento. Como un pobre chucho hambriento que es violento porque tiene hambre. Yo le perdonaba. Yo le perdono, pero no tiene perdón de Dios. Solo él sabe lo que tiene dentro de esa cabeza porque yo nunca lo descubrí. Yo lo he querido como a nada en este mundo. Yo lo he estrujado entre mis anillos siempre que he visto que lo necesitada. Porque nunca lo pedía. El pobrecito mío nunca ha pedido nada. Pero cuando se volvía chucho... Yo solo quiero que me recuerde. Que me recuerde con cariño. Me tuve que ir de aquí enfermita, pero eso yo ya lo sabía. Yo sabía que mi vida era todo para adelante y cargando con mi enfermedad a cuestas hasta que durase. Yo luchando hasta que durase. Y hasta que duró... La vida de los muertos es la memoria de los vivos. Quiero vivir entre las barbas de Filipo, entre cada uno de sus dientes, entre la ranura de sus ojos... Solo quiero que me recuerde. Que me recuerde con cariño. Filipo, vive. La vida es para los vivos. Vive. Sé fuerte coño, te he criado para eso. Vive. Te quiero.

XIX

Se empieza a escuchar una versión karaoke cutre de una conocida canción. PRESENTADOR *entra bailando.*

PRESENTADOR. Bueno señores y señoras, damas y caballeros, niños y niñas.... A una historia empezada, cualquier final le cuadra. Tengo el enorme placer... Tenemos el enorme placer de contar con Filipooooooooooooooooo. Un grandísimo aplauso para este personaje. *(Aparece FILIPO vergonzoso. Casi sin mirar al público).* Llegamos al último momento. Como ustedes recuerdan, ya contamos con la visita de Marga en este escenario. Filipo ha contactado con nosotros para hacer algo muy especial, ¿no es así Filipo?

FILIPO. Sí, yo quería....

PRESENTADOR. Lo que este hombrecito quería era dedicarle una gran canción a su madre. A su madre muerta, ¿no es así Filipo?

FILIPO. Sí, porque mi....

PRESENTADOR. Qué entrañable. Qué tierno. Su madre era una gran mujer por lo que pudimos conocer de ella. Dígame, ¿cómo la calificaría usted? ¡Corten la música! *(Silencio).* Creo que su madre no estaría muy contenta si viese hoy día como es... Y que esté constantemente intentándose suicidar... ¿Es normal, señores? ¿Ustedes están intentando suicidarse constantemente? Filipo, ¿usted sabía que el suicidio es, en realidad, el deseo de volver al vientre materno? Porque usted quiere a su madre, ¿no es cierto? Todavía no me ha dicho cómo describiría a su madre.

FILIPO. Mi madre tenía la fuerza de un gran barco en un océano enfermo.

PRESENTADOR. ¿Podría decirle a todos los que se encuentran aquí el porqué de su visita?

FILIPO. Quiero decirle a mi madre que la quiero y que me perdone, esté donde esté.

PRESENTADOR. Y se lo va a decir cantando, ¿verdad?

FILIPO. Haré lo que pueda. Era una de sus canciones preferidas y solía...

PRESENTADOR. Con todos ustedes, Momento Karaoke Final. Si os sabéis la canción querido público podéis cantarla. Así ayudamos a Filipo que está un poco nervioso. También podéis tocar las palmas. ¡Vamos allá! ¡Música!

FILIPO. Va por ti mamá.

Canta tímidamente mirando fijo al suelo. Mientras, PRESENTADOR *incita al público para que cante y haga ciertos movimientos con los brazos.* FILIPO *animándose mientras transcurre el karaoke, va recordando con ternura a su madre. Cada nota que sale de su boca es un perdón y un te quiero.*

ÍNDICE